mes petites machines à vivre

MARYSE VAILLANT

mes petites machines à vivre

Oser la tristesse, la solitude et l'ennui

MARABOUT

À Peter Pan

Introduction

Le soleil me fait sourire, les enfants me font rire. Plutôt d'humeur égale, voire joyeuse, je me fâche rarement, ne suis ni susceptible ni rancunière. Il suffit qu'on m'adresse la parole pour que mon visage s'éclaire. Enjouée, joviale, cordiale, chaleureuse, on peut dire cela de moi. La vie me va. Or comme chez beaucoup de personnes gaies cohabitent en moi un fond dépressif essentiel que je n'ai jamais cessé de combattre et un rapport à l'angoisse à faire pâlir les scénaristes de films d'horreur.

Dépression. Angoisse. Pour faire face à leur constante menace, j'ai mis au point dès l'enfance un grand nombre de stratégies défensives et offensives très élaborées. Vigilante et armée, j'étais comme un guetteur, toujours sur le pied de guerre. En moi ronronnaient les rouages bien huilés qui rendent la vie possible à défaut d'être agréable. Or, comme tout mécanisme de défense, mes petites machines de guerre brûlaient une énergie considérable. Il suffit d'interroger des insomniaques, des phobiques ou des migraineux pour voir quel haut niveau de fatigue – et d'appauvrissement intime – permet de tenir l'effondrement à distance.

La chance a voulu que j'apprenne à me passer d'armure, à sortir de l'état d'assiégée permanente. À me protéger autrement qu'en me préparant au combat. C'est de cette longue transformation que je veux parler aujourd'hui. De l'alchimie féconde qui m'a permis d'amadouer mes peurs et mes monstres et m'a donné les moyens de gérer la colère, le dégoût et le désarroi. Aujourd'hui, j'y ai recours pour prendre des décisions importantes, sortir des impasses où mène parfois l'écriture, gérer mes émotions, et surtout affronter les écueils ordinaires ou exceptionnels de la vie.

Je vais tenter de mettre en lumière les principaux processus qui permettent de passer de la guerre intime à la paix du cœur, de surmonter les paniques et les cauchemars et de rendre obsolètes les stratégies toxiques dont use notre esprit pour nous protéger du pire.

Certes, ce sont des chemins de traverse, loin des modes ou des mœurs du jour. Des voies personnelles, souvent solitaires, toujours originales. Mais comme toutes les créations psychiques qui aident à vivre, elles peuvent être partagées. Car nous sommes nombreux à devoir créer le monde pour pouvoir y habiter.

I

ITINÉRAIRES SINGULIERS

Chemin faisant

Balades solitaires

Il fait beau sans faire chaud. Ciel clair. Vent léger. Un temps idéal pour sortir avec mon chien. Or j'hésite. L'après-midi est bien engagé et je me sens fatiguée, comme engourdie. Il est peut-être un peu tard pour aller dans les bois. Si je ne me connaissais pas, je penserais que je couve un rhume. Je devrais peut-être aller m'allonger sur le canapé et bouquiner en sirotant un thé au miel. Pourtant, il ne s'agit pas de lutter contre un virus. Quelque chose me tracasse qui va gâcher ma soirée si je n'essaie pas d'y voir clair.

Je sais de quoi il s'agit. Une amie a laissé un message sur le répondeur. Elle va me rappeler ce soir. Elle a des ennuis et a besoin d'un conseil. Un conseil que je ne crois pas pouvoir lui donner. Car je sais ce qu'elle voudrait entendre et je suis loin de partager sa vision des choses.

Donc, je dois sortir. Cachou sur les talons, me voici partie. Le bois le plus proche est à cinq minutes et m'offre ses sentiers familiers, bordés de très hautes fougères rousses. Sous mes pas crissent les bogues de châtaignes et au-dessus de moi volent les feuilles qui tombent en dansant. Je marche lentement, tout auréolée de la lumière chaude et engourdie de cette fin de journée. L'automne est rouge et or cette année, lumineux, somptueux. Un œil pour vérifier qu'aucun bolet ne me fait signe, un détour par mon coin à girolles et je prends le chemin du retour, la lumière décline déjà et avec elle tombe un petit crachin doux.

Arrivée à la maison, je constate que mon rhume est parti, comme mon envie de me glisser dans un livre. Je reprends le fil de mes occupations. Tout à l'heure, quand mon amie va me rappeler, je saurai l'écouter, je serai disponible. Et, à défaut de lui dire ce qu'elle veut entendre, je saurai entendre ce qu'elle veut me dire.

Grande randonnée

J'aime marcher. J'aime les balades et les randonnées, surtout solitaires, surtout dans les bois. Il me faut mon chien, de bonnes chaussures, un sac à dos léger, un itinéraire balisé et bien sûr mon bâton.

Grande ou petite, la promenade commence toujours de la même manière. Au début, tout en guettant les marques peintes sur les troncs d'arbres, je m'applique à respirer profondément, à sentir l'air sur mon front, l'odeur des feuilles et des sous-bois. J'essaie de faire le vide pour écouter le chant d'un oiseau, me remplir de la beauté des lieux. Hélas, le moindre craquement d'un vieux tronc me fait sursauter, les idées se bousculent dans ma tête. Je peine à mettre de l'ordre dans le fatras qui m'encombre. Quelle que soit la majesté du décor, les premiers temps de mes balades sont troublés par tout ce qui m'agite et me soucie.

Ensuite, doucement, le calme se fait. J'essaie d'oublier mes pensées. Pour parvenir à ne plus les contrôler, je dois cesser de m'y accrocher. Je m'efforce donc de les accueillir sans les fuir, de les laisser partir sans les retenir. Pas facile. Quelques idées s'accrochent, cognent à mon front, des morceaux entiers de phrases se répètent. Des mots insistent, je les accepte mais refuse de leur laisser prendre toute la place. Bientôt, ça y est, je perds le fil de mes réflexions. J'entre alors dans une espèce de long tunnel ouaté, confortable et souple. Une sorte de sommeil vigile, de déambulation quasi somnambule. C'est alors que les trilles des oiseaux me parviennent, je remarque la beauté d'un chêne ou d'un roseau, le bruit d'une source ou la fulgurance d'un petit animal au poil gris-roux.

Enfin libre de ne plus penser, je peux totalement m'imprégner de la splendeur des ombrages, respirer la force des arbres, écouter l'air vibrer. Les marques de balisage me guident, mes pas me portent, j'ai des semelles de vent. De temps en temps, je ressens bien une gêne dans un muscle, voire une douleur, j'ai chaud, soif ou faim, mon corps se rappelle à moi, mais mes pensées se font discrètes, voire muettes. Progressivement je les oublie. Je m'oublie. Tout se passe comme si j'étais déconnectée de mes soucis, de tout ce que le quotidien contient d'émotions, de problèmes à régler, d'obsessions, de décisions à prendre, de souvenirs à porter, de rage, de honte, de désirs, de chagrins.

Bientôt la fatigue me noue les épaules et les reins, jusqu'à ce que j'atteigne ma destination. À l'arrivée, j'échoue rompue, broyée, un peu hagarde mais heureuse. La tête vide et les jambes lourdes, je ne pense qu'à souffler et à me reposer.

À n'en pas douter, les préoccupations reviendront. Mais que ce soient les tracas de la vie ordinaire, un souci familial ou une question personnelle en suspens, tout ce qui m'encombrait est devenu plus intelligible. Certes, les problèmes ne sont pas réglés, mais rien ne me semble plus insurmontable.

Petit tour dans les bois

Il faut bien le reconnaître, depuis mon cancer, je ne fais plus de véritables randonnées. Même si j'en rêve parfois au point de m'imaginer encore harnachée d'un sac à dos sur un chemin de montagne ou sur le parcours d'un pèlerinage, je me contente de sorties bien plus modestes. Je continue de marcher, certes, mais, là où je vais, dans les bois proches de chez moi, le long du sentier côtier ou dans les bruyères et les landes bretonnes, nul besoin de repérages ou de circuits balisés. Mes itinéraires sont courts, peu accidentés, raisonnables de bout en bout et toujours accompagnés. Car je ne sors plus sans ma chienne, la superbe croisée labrador que la maladie m'a offerte et à qui j'ai promis des courses fréquentes dans les bois. Cachou, je le vois bien, ne me tient pas rigueur de mes manquements, même lorsqu'elle reste allongée près de mon ordinateur les jours de trop grande brume intime, chimio oblige. Mais je m'efforce de tenir parole et elle caracole alors comme une pouliche pendant que je m'exerce à la marche lente et rêveuse.

Comme avant, je pars la tête pleine de soucis, de préoccupations, voire de vraies angoisses. Et je rentre aussi fatiguée que si j'avais franchi des cols. Le souffle court, le front humide, avec au coin de l'œil, la plupart du temps, la petite joie secrète qui récompense des gros efforts. Bien trop lasse pour penser, n'aspirant à rien d'autre qu'à me reposer, je sais que dans ma tête se sera desserré l'étau qui m'oppresse et que, si je suis essoufflée, mon esprit aura pris suffisamment d'air pour être à nouveau en état de fonctionner. Car, même devenues discrètes, mes balades au creux des fougères et des feuillus m'apportent le même apaisement que jadis les longues marches de randonneuse. Elles m'aident à penser ma vie. À la porter parfois, à en jouir souvent.

Jour de colère

C'était il y a quelques années. J'étais en rage contre une amie éditrice et dans l'incapacité de rien lui en dire. Je me sentais spoliée, mais n'osais aborder la question avec elle. Si les arguments ne me manquaient pas pour plaider ma cause, je n'avais pas été jusqu'à les lui exprimer. J'attendais qu'elle aborde la question. En vain. L'implacable mur de non-dits qui nous séparait commençait à m'empêcher de respirer, j'éprouvais même des difficultés à écrire. Je tentai naturellement de mettre en pratique ma technique bien rôdée de la promenade relaxante, persuadée qu'en allant user mes guêtres et aérer mes neurones, je parviendrais à venir à bout de mon ressentiment ou à trouver le courage d'exprimer mon point de vue.

Pas très loin de chez moi, au bord de la rivière, un arbre penché au ras de l'eau offre un but de promenade très approprié. Cachou et moi y allons souvent. Pour rêver, cavaler, écouter l'eau qui chante, admirer ses reflets mordorés, renifler l'humus. Le chemin qui longe la berge est sans surprises, on ne pourrait se perdre même si on le voulait. Ce jour-là, je m'y lançai pleine d'espoir. Il me fallait venir à bout de l'irritation qui m'empêchait de travailler. Je bouillonnais de mécontentement et cette colère me prenait trop de temps.

Je partis donc, mâchoires crispées, enjambées militaires, poings serrés, nuque raide. Dans ma tête se répétaient griefs et accusations. Ma liste était longue. Je me prouvais mon bon droit, j'invectivais mon adversaire, mon réquisitoire était sans faille. J'atteignis le but de ma promenade sans avoir pu laisser tomber. Ce n'est que sur le chemin du retour que j'oubliai enfin de penser, que je me laissai prendre par le chant de l'eau, les galopades de mon chien et les ombres qui chamarraient la rivière. De retour chez moi, à ma grande surprise, mes pensées revinrent à la charge. Et, dans ma tête, les litanies reprirent. Impossible de me dégager de cette colère-là.

La nuit suivante, je fis un rêve pénible, gênant. La honte me submergeait. Du rêve lui-même, il ne me restait rien, si ce n'est la désagréable impression d'avoir été démasquée. Du banc du procureur, j'étais passée à celui du prévenu. J'étais en tort et je ne pouvais plus faire semblant de l'ignorer, car tout le monde le savait. J'étais une voleuse. J'avais plagié. Une voleuse d'idée. La trouvaille que je croyais mienne appartenait depuis longtemps au bien public. Si elle m'avait été volée, je l'avais moi-même empruntée.

La promenade qui suivit fut décisive. Je partis encore courroucée, le talon dur et le front bas, mais ma marche ralentit bien vite. À n'en pas douter, j'avais été mesquine, mauvaise joueuse, bien loin de l'idéal de générosité et de créativité dont j'aime m'entourer. Ma foulée se fit lourde, mon souffle irrégulier. La force de la colère me faisant défaut, l'énergie vint rapidement à me manquer. Après avoir failli faire plusieurs fois demi-tour, j'arrivai à mon arbre presque à bout et m'y écroulai la tête vide. Au retour, je ne pensais à rien. C'était fait, j'avais compris. J'avais compris que l'irritation qui m'empêchait de trouver sommeil et travail était nourrie des reproches que j'aurais dû m'adresser. Marcher ne pouvait m'apporter la rêverie salvatrice tant que je me trompais d'adversaire.

Je rentrai penaude mais apaisée. Certes s'était écornée en chemin la bonne image que j'aurais voulu avoir de moi-même, mais en avoir pris conscience ne me déplaisait pas. Et la certitude de pouvoir me remettre à travailler valait bien l'effort fourni.

Les légendes affectives

Nous vivons de fictions. Mille petites histoires imaginaires nous aident à exister. Familiales et personnelles, elles relient nos souvenirs entre eux en leur donnant du sel et du sens. Ces récits intimes agencent notre monde intérieur, scénarisant le moindre événement pour l'intégrer dans la grande saga qu'est l'histoire de notre vie[1]. Ainsi s'expliquent ou se justifient nos actes, nos déboires et nos peurs. Version fataliste ou ésotérique, plaintive ou courageuse, chacun y va de ses légendes affectives, qui colorent et donnent du relief à une existence.

Ces constructions nous sont nécessaires pour évoquer le passé, s'inscrire dans notre généalogie et nous projeter dans l'avenir. C'est pourquoi certains de ceux qui ont été amputés d'une partie de leurs origines ou qui n'ont pas eu de récit familial en héritage souf-

1. Sigmund Freud, « Sur les souvenirs écrans » (1899), in *Névrose, psychose et perversion* (1894-1924), PUF, 1973.

frent de ne pas avoir de canevas sur lequel broder leurs souvenirs. Ils peinent ainsi à prendre possession d'une enfance qu'ils ne peuvent inventer et réinventer au gré de leurs évocations et de leurs inventions. Une histoire douloureuse reste toujours préférable à l'absence d'histoire.

À côté des versions tronquées ou raturées cohabitent celles qui sont déformées, arrangées, réaménagées et qui ont pour mission de dissimuler ou de maquiller ce que nous ne voulons ou ne pouvons pas accepter. Comme l'ensemble des légendes affectives, ces variantes ne sont pas toujours structurées en récits cohérents, mais elles sont inévitablement présentes dans notre album familial et personnel. Elles campent les personnages forts de notre mythologie intime et nous décuplent en autant de figures que nous nous donnons de rôles. C'est en leur compagnie que nous marchons, que nous rêvons, que nous nous endormons. C'est avec elles que nous nous disputons parfois, lorsque nos ambiguïtés nous empêchent d'être en paix.

Car les figures de nous-mêmes qui peuplent notre univers personnel proviennent des reliquats de nos rêves d'enfants, de ce que nous avions cru devoir être, ce que nous aurions voulu être, ce que nous croyons avoir été. C'est ainsi que j'aime me croire intrépide et résolue, à l'image probablement du « brave petit soldat » qui amusait mon père, forte et courageuse comme m'aimait ma grand-mère, et surtout franche et généreuse, comme me le reprochait ma mère, pour qui seuls les crétins ne cachaient rien et donnaient tout. Et chaque fois que je me trouve un peu lâche, menteuse ou mesquine, je ne suis pas très fière de moi.

Les mémoires mensonges

En tout cas, je ne connais pas la plainte. Probablement pour n'avoir jamais eu personne à qui me confier et pour m'être toujours méfiée de qui aurait voulu me consoler. C'est pourtant une des versions les plus courantes des principaux romans familiaux et infantiles. Enfant mal aimé. Adulte blessé. Sur la base d'un solide apitoiement sur soi-même s'ancrent bien des attentes de consolation, de vengeance ou de dédommagement[1].

C'est ainsi qu'on voit émerger la quasi universelle figure de la victime innocente qu'un sort injuste poursuit sa vie durant. Le personnage intérieur du mal-aimé permet d'expliquer les erreurs et les répétitions en évitant toute remise en question. En effet, en

1. Sigmund Freud, « Le roman familial des névrosés » (1909), *ibid.*

pointant ce qui, des carences ou des manques passés, justifie les errances présentes, il se dédouane de toute responsabilité. Tout se passe comme si l'intrigue initiale justifiait la reproduction des échecs, comme si le passé était la matrice d'une sorte de prédestination et que l'implacable retour du pire organisait un destin qui ferait fi de tout libre-arbitre, de tout espoir d'amélioration et surtout de toute nécessité de changer de position.

Ces versions altérées ou corrigées permettent toutefois de supporter son enfance. Elles sont alors nécessaires et bienvenues, jusqu'au jour où leur mensonge obstrue la mémoire. Elles peuvent alors rendre sourd et aveugle à autre chose qu'à leur petite chanson aussi infidèle que tenace. Elles collent à la peau, elles collent aux semelles. Nous pensons avec elles. Ou, plus exactement, elles pensent en nous. Leur plainte peut donc accompagner les balades solitaires sans jamais permettre de s'approcher vraiment de soi-même. Car ces variantes du passé poussent à établir un rapport de force tant avec la vérité qu'avec la vie. Elles nous empêchent de regarder en face nos côtés tricheurs, le fond de mauvaise foi, d'aveuglement, tout ce qui bloque la fluidité de la pensée et la perception de la réalité. Les balades ne résolvent alors aucune énigme, ne desserrent aucun nœud intime, mais confirment chacun dans sa supériorité incomprise ou son manque de chance.

Car le chemin qui mène à soi-même, trottoir, allée cavalière ou sentier côtier, nous donne le pire ou le meilleur compagnon de route qui soit : nous-même. Le seul qui ne fera jamais défaut, mais qu'il est préférable d'apprendre à connaître.

Le garçon sauvage (1)

Au cœur de mon adolescence, un bel été éclaira ma vie. J'avais seize ans quand je travaillai pour la première fois dans un centre aéré. J'y passai les plus belles vacances de mes jeunes années.

Comme j'avais longtemps rêvé d'en être un, j'optai tout naturellement pour m'occuper de garçons. Ceux de mon groupe avaient environ dix ans et provenaient de divers quartiers populaires de la ville. Nous nous retrouvions tous les matins devant le parvis de l'église. Les gamins s'entassaient dans le car en braillant et en se tapant dessus. Arrivés à destination, ils se ruaient dehors en se bagarrant et s'égaillaient dans les buissons et les bosquets de la grande propriété mise à notre disposition. Tous hurlaient, riaient, criaient, s'époumonant comme si leur vie en dépendait. Tous sauf un. Je me souviens de son nom bien que ma mémoire ne s'embarrasse guère de ce genre de détails. Je vais l'appeler Rico.

Rico laissait passer les autres. Il attendait au fond du car et en sortait lentement. À le voir avancer à pas comptés comme un somnambule, on aurait pu le croire blessé ou faible sur ses jambes. Mais que quelqu'un veuille s'approcher de lui pour lui parler, ou pire, le toucher et la tortue détalait comme un lièvre. Il filait à une telle allure qu'il était impossible à quiconque de le rattraper. Il disparaissait dans les sous-bois et ne revenait qu'au moment du repas, qu'il prenait rapidement et sans parler à personne. Puis il s'éloignait à nouveau en courant pour ne revenir qu'au moment de la distribution du chocolat et du pain du goûter. Il ne parlait pas, ne se mêlait pas aux autres et ne s'intéressait à aucun des jeux que nous organisions pour les longues journées plus ou moins ensoleillées de ces mois d'été champenois. Lorsqu'il pleuvait vraiment trop fort et que nous réunissions nos groupes dans la grande salle pour tenter de les occuper, il restait près de la porte les yeux perdus dans le vide. Je ne savais rien de lui.

Un jour que je m'aventurai dans les bois, je reçus sur la tête un petit caillou, lancé de haut mais légèrement. En levant les yeux, je découvris Rico, grimpé sur la branche basse d'un très grand chêne. Je le saluai d'un petit signe de la main. Il ne me sourit pas, mais son regard me parut amical. J'eus comme l'impression d'avoir communiqué avec lui. S'ouvrit en moi à ce moment-là comme une porte secrète. Une mission. Je devais apprivoiser ce garçon, l'accueillir dans le groupe, le faire participer à nos jeux.

J'avais seize ans et je venais de découvrir ma vocation d'éducatrice. Une raison de vivre, mille raisons de souffrir.

Énigmes intimes

Avec un plumeau

Ce dimanche-là, sans prévenir, je me suis mise à faire le ménage, en particulier à encaustiquer l'escalier et à cirer les meubles. Je m'y suis prise en trois ou quatre fois. À chaque pause, je rejoignais mon ordinateur et mon manuscrit en cours. Peut-être serait-il plus juste de dire que je quittai plusieurs fois mon travail d'écriture pour aller briquer quelques marches, lustrer un guéridon ou frotter les pieds d'une table. Les allers et retours entre mon clavier et ma maison m'ont occupée toute la journée. Le soir venu, l'air sentait le musc, l'ambre et la cire d'abeille.

Bien que loin d'être une adepte du ménage, je ne déteste pas faire les poussières à l'occasion. Ou entreprendre de vider et de réorganiser un placard.

Ou bouger quelques meubles pour trouver une nouvelle harmonie, accueillir un bibelot, mettre en valeur un vase de fleurs. Il peut m'arriver également de démarrer le lessivage d'un coin de mur, de briquer un parquet, de récurer un placard, de classer factures ou courrier. Ce ne sont que des occupations courtes et énergiques que je commence avec ardeur ou rage et que je ne termine pas toujours.

Il n'est pas question de la tâche discrète, ingrate et répétitive – ingrate car discrète et répétitive – qui consiste à entretenir à grands efforts un ordre dont chacun bénéficie sans même s'en rendre compte, il s'agit d'une occupation volontaire et facultative, souvent impulsive. Un besoin, comme la nécessité soudaine de m'occuper les mains, de marquer mon territoire, d'organiser mon espace. Je me lance dans le rangement ou le nettoyage sans me poser de questions. Je sais que cette impulsion ménagère n'est pas due à l'état de ma maison mais bien à celui de mon esprit. Quand le besoin de rangement me saisit, c'est que quelque chose me préoccupe et m'empêche de respirer, de profiter de la vie et de travailler.

Fantôme anniversaire

Il s'agissait à l'époque de mon inquiétude pour la santé de la mère de mon compagnon. Il était pris dans l'organisation matérielle qu'occasionnait son hospitalisation. Comme elle habitait Paris et que nous vivions en Bretagne, qu'elle refusait les soins et qu'il lui fallait la convaincre, les choses étaient difficiles. Pour lui. Quant à moi, la fatigue que j'en ressentais était disproportionnée en regard des efforts qui m'étaient demandés. Alors qu'il enchaînait les voyages à Paris, c'est moi qui étais épuisée. Une immense lassitude me cassait les jambes, me fermait l'esprit et m'empêchait d'écrire. Tout me pesait, sans rien pour illuminer ma vie, j'étais éteinte et morne.

Impossible d'aller marcher dans les bois. Or je savais bien que ce n'était pas le sale temps d'hiver qui me retenait, plusieurs éclaircies m'auraient en temps ordinaire fait mettre mes chaussures et sortir mon chien. Non, ce qui m'empêchait de vivre me confinait entre les murs de ma demeure. C'est là qu'il me fallait m'occuper. C'est donc un chiffon à la main que j'entrepris de vider mon esprit et de laisser venir ce qui me préoccupait.

J'ai briqué et frotté toute la journée sans grand résultat. La maison resplendissait, c'était déjà ça. Mais mon humeur chagrine ne s'en trouvait pas beaucoup adoucie. Je ne comprenais toujours pas les raisons de mon désarroi. Une seule évidence, il était question de ma mère. Du souvenir lointain et toujours vif de sa dernière hospitalisation, et surtout de sa mort. Cette mort qui me hante et que les jours d'hiver nimbent d'une profonde tristesse anniversaire. Mais cette fois c'était plus profond, je le sentais bien. La fatigue qui me tenait s'accompagnait de relents de rage, comme si une vieille colère venait pimenter la grisaille habituelle de cette commémoration annuelle.

Dans la soirée, je me souviens m'être sentie le cœur plus léger et l'esprit plus libre. À nouveau, je pouvais penser. Je redevenais vivante. Mais je n'en savais pas la raison. D'évidence, cela ne pouvait être la satisfaction de voir mes bois luire doucement sous la lumière du soir ou de renifler ici et là l'odeur poivrée de l'encaustique... Je n'étais pas dupe de mon humeur. Si elle devenait moins sombre sans que je sache pourquoi, cela n'allait pas durer. Peut-être n'était-ce que la fin ordinaire d'une journée préparatoire à un anniversaire toujours difficile. J'en doutais. Quelque chose se passait dans ma tête qui me chamboulait l'âme, et je ne savais pas de quoi il s'agissait. J'avais l'impression étrange de passer à côté de moi-même.

Réminiscences

Le lendemain, alors que je m'installe devant mon écran pour tenter de me mettre au travail, me saute aux yeux ce que je sais par cœur mais que mon esprit semble avoir écarté. Il y a quarante ans que ma mère est morte. Il y a quarante ans, elle entrait à l'hôpital pour s'y éteindre dans la plus grande des solitudes. Je n'étais pas à son chevet. Elle mourut veillée par de gentilles religieuses en cornettes. J'aurais dû être là. C'était ma place de fille aînée. Je ne pouvais certes deviner l'heure de sa mort, mais j'avais été informée de la gravité de son état.

C'était quinze jours auparavant. Nous étions en décembre, l'hôpital était raide dans ses jardins gelés. Je revois nettement la scène. Je suis assise dans un bureau gris, un homme jeune aux mains très soignées, aux cheveux impeccables, me parle sans que je comprenne tout ce qu'il dit. Je le dévisage d'un œil incrédule. Que me raconte-t-il? Mourir? Il pense que ma mère va mourir? Comment peut-il croire cela? C'est totalement impossible. Il se trompe. C'est pathétique, comment peut-on être médecin et rester aussi ingénu? Cet homme-là ne connaît rien aux mères.

Certes, je suis à peine majeure, mais la vie m'a déjà durci le cuir, me donnant une sérieuse avance sur lui. Surtout lorsqu'il s'agit de comprendre ma mère, les rouages complexes de sa pensée et ses constantes stratégies pour infiltrer ma vie. Il est bien trop naïf pour savoir qu'il ne faut jamais croire ce qu'elle dit. Il n'a pas vu qu'elle le manœuvre. Qu'elle fait semblant.

Comme toutes les autres fois où elle m'a fait croire à sa fin prochaine pour mieux me manipuler. Me demander de l'argent, pour des examens spéciaux, m'inciter à aller dénoncer mon père qui lui verse quotidiennement du poison dans son café, me dévoiler son corps pour exhiber l'avancée de son délabrement. Comme toutes les fois où elle est partie se jeter dans le canal qui longe la maison. Ma mère joue avec la mort depuis la pendaison suspecte de sa mère. Depuis longtemps donc, pour moi depuis toujours.

Impossible de raconter nos secrets à ce jeune toubib. Je rentre chez moi. Je me revois, dans le train, debout devant la fenêtre. Le froid et la neige ont dévasté le décor. Les yeux rivés sur les talus enneigés et les nuages ternes de cet atroce mois de décembre, dans cette atroce région glacée, impuissante à ordonner les pensées qui se déversent en moi, je ne peux que répéter la même antienne, *elle ne va pas mourir, elle ne peut pas mourir*.

Une semaine après arrive le télégramme que je n'attendais pas.

Cache-cache

L'hospitalisation de ma belle-mère survient au quarantième passage du calendrier sur ma culpabilité de fille et ma honte de femme. Quarante ans. Un beau chiffre rond comme je les aime. Pourquoi n'y ai-je pas pensé plus tôt? Le calendrier névrotique et tragique de ma famille n'a depuis longtemps plus aucun secret pour moi. Je sais par cœur les jours tristes qui ont percuté l'existence des miens, même avant ma naissance. Je n'oublie jamais de les commémorer. Le plus fort étant celui de la mort de ma mère, un événement qui tient une place spéciale dans ma vie. Tous les ans, mon âme se met en berne dès l'arrivée de l'hiver pour ne renaître qu'aux premiers jours du printemps. Je ne risque en aucun cas d'oublier une mort qui prit tant de place dans ma vie.

Donc, je savais le jour et l'heure, la date et l'année. S'il est une énigme dans cette histoire, ce ne peut être que celle de ma surprise. Non seulement j'avais tous les éléments pour comprendre l'impact émotionnel de cet anniversaire – je sais tout à fait compter jusqu'à quarante –, mais il est dans ma formation et mes habitudes de psy et d'auteur d'entendre parler les mots. Pourquoi mettre si longtemps à débusquer le signifiant qui se dérobait à moi? Quarante. Quarante voleurs, quarante ans, quarante années, la quarantième, la quarantaine, la mise en quarantaine... Pourquoi retarder la série des questions qui ne manquent pas de surgir? Suis-je en quarantaine depuis toutes ces années? Puis-je en sortir? Punition ou contamination désormais écartées, vais-je enfin me donner le droit de vivre sans honte et sans remords?

Comme je ne suis pas une novice et que j'excelle dans l'art de faire parler mes morts – leur existence comme leur trépas –, je décèle ici un grand mystère. S'il me faut une journée entière d'époussetage pour que ces questions parviennent jusqu'à moi, c'est que l'affaire n'est pas anodine. Pourquoi n'ai-je pas compris plus tôt? Pourquoi n'ai-je pas calculé plus tôt? Qu'est-ce qui m'en a empêchée? Dans quel jeu de cache-cache mon inconscient m'a-t-il entraînée?

Il me fallut quelques jours encore pour que le puzzle soit entier et que je comprenne ma cécité. Car j'avais tout devant les yeux depuis longtemps. Depuis quarante ans bien sûr, mais surtout depuis le premier jour de cette quarantième année anniversaire qui se termine maintenant.

De petites frappes (1) – Le rassemblement

Le rassemblement se fait dans le hall du château. C'est là que je découvre les garçons le premier matin où commence mon stage d'éducatrice. Ils sont vêtus d'un uniforme bleu marine. Crâne rasé, tête baissée, ils se tiennent droits, en rang, devant un chef de service au regard allumé qui hurle des ordres de silence. Ce qui me frappe le plus, c'est le regard noir qu'ils me lancent sans relever le front. J'ai devant moi des petits soldats à l'œil mauvais et un adjudant acariâtre. Bras haut croisés sur les poitrines, en survêtement, l'air martial, les éducateurs toisent les gamins avec sévérité. Entre eux se joue un terrible rapport de force.

On me parle du mitard où sont enfermés ceux qui tentent de fuguer après avoir été repris – ce qui ne manque pas, le centre étant isolé en pleine campagne – et battus, tondus et menacés de prison. Le passage à tabac fait partie des habitudes si ce n'est du règlement officiel. Les fugueurs sont gardés au cachot pour apprendre la discipline et le respect de la loi. C'est la méthode de l'époque pour traiter de la délinquance en brimant les jeunes délinquants. Une méthode qui prouvera sa nocivité et sera dénoncée par tous les spécialistes, avant d'être redécouverte ou réinventée par certains hommes politiques.

Éducateurs, directeur, chef de service et instructeurs techniques, l'encadrement est masculin, très viril, presque militaire. Les garçons sont durs, agressifs, retors; les adultes, brutaux, violents. Nous sommes en 1964, l'époque est sans tendresse. Nous ne sommes que deux éducatrices, ma collè-

gue – une fille très sportive – et moi, qui ne sais même pas jouer au ballon. La seule autre présence féminine est l'institutrice qui fond en larmes dès qu'on lui adresse la parole et qui disparaît bientôt pour cause de dépression.

Les jeunes placés dans le centre par les juges des enfants ont la réputation d'être des voleurs, des incendiaires, des violeurs ou des assassins. Cela m'effraie beaucoup jusqu'à ce que je comprenne qu'ils ont pu avoir volé une mobylette, mis le feu aux poubelles de l'école, soulevé la jupe d'une petite voisine ou participé à une bagarre de rue. Certains n'ont pas commis de délit du tout, mais ils sont délaissés par leurs parents, battus ou violentés. Tous me sont présentés comme de vraies brutes. Ils sont rebelles, menteurs et sournois. Il faut s'en méfier, les contrôler, les dominer. Les dresser. Les redresser. Nous sommes effectivement dans une maison de redressement.

Les consignes sont claires, tout doit se faire en ordre et dans le calme. Des rassemblements réguliers nous appellent dans le hall du château où chaque éducateur doit présenter son groupe aligné en un rang impeccable et silencieux. Que ce soit lorsqu'ils doivent nettoyer les salles, ranger leurs affaires ou circuler dans les couloirs et les escaliers, il faut que les garçons se taisent. Le silence est requis. On ne doit entendre que la voix claire et forte de l'éducateur qui scande la marche de son groupe. Pour parvenir à ce résultat, chacun est libre de ses outils pédagogiques. On me conseille de fatiguer les garçons, en les faisant marcher, courir, jouer au ballon. On m'explique qu'il faut crier plus fort qu'eux, ne jamais baisser sa garde, se méfier de tous, avoir des yeux partout, et surtout commencer par mater les chefs pour imposer sa propre loi. Nous n'avons qu'un seul mot d'ordre, la discipline. N'est exigée des mineurs qu'une seule vertu, l'obéissance, et de nous qu'une seule qualité, l'autorité.

J'ai vingt ans et je ne mesure pas ce qu'il me faudra de volonté pour m'adapter à un monde qui ne me convient pas, d'efforts pour ne pas en être détruite, de combats pour rencontrer ceux qui partagent ma vision d'une éducation différente, non agressive, respectueuse, responsabilisante. C'est toutefois en subissant la violence des enfants et celle des adultes que j'ai perçu pourquoi celle de mon enfance encombrait tant ma vie. Et que j'ai commencé à chercher les moyens de lui survivre. Et d'essayer de partager mes trouvailles.

Entre chien et loup

La peur du soir

Enfant, j'avais peur du soir. Non pas du noir, mais bien du soir. Je faisais partie de ces gosses qui paniquent à la tombée du jour. À l'heure de la lumière déclinante, quand l'approche de la nuit fait disparaître les ombres, alors que certains s'excitent et deviennent insupportables, je me liquéfiais. Entre chien et loup, je ne respirais plus, j'étais mal. Gorge serrée, pieds plombés, au seuil de la migraine, je parlais à peine et ne pensais plus du tout.

Certes, mes jeunes années ne furent guère ensoleillées par le bonheur familial, les jeux et les rires des enfants choyés. La vie chez mes parents n'était ni joyeuse ni même paisible. Mais que la journée ait été difficile, douloureuse ou tout simplement ennuyeuse, la venue du crépuscule la nimbait d'une sourde angoisse, comme si le pire était encore à venir. Qu'il pouvait surgir d'un instant à l'autre pour fondre sur moi.

Mais quel était ce pire qui pouvait me menacer? Que pouvais-je donc craindre que je ne connaisse déjà et que je n'affronte quotidiennement? J'avais peur de ma mère à en devenir folle, mon père m'avait depuis longtemps laissée me débrouiller seule avec ma tourmenteuse, mes nuits étaient hantées et mes journées craintives. Et pourtant, la tombée de la nuit m'abrutissait d'anxiété.

Les intempéries

Tout au long de mon enfance, de mon adolescence et pendant mes années de jeune adulte, alors que je m'étais pourtant éloignée du foyer parental et de la région familiale, cette lourdeur proche de la détresse m'a poursuivie. Non seulement elle m'agrippait toutes les fins d'après-midi avec la régularité d'un métronome, me poursuivant comme une immense vague scélérate prête à m'engloutir, mais elle pouvait surgir à tout moment les jours de grande pluie, de neige ou de brouillard. Il suffisait que la lumière décline à cause d'un rideau d'eau, que le jour s'assombrisse derrière la danse des flocons ou que monte la brume pour que je perde pied. Tout ce qui brouillait ma vue et assourdissait mes perceptions pouvait me plonger dans le même état nauséeux et inquiet.

Aujourd'hui encore, adulte aguerrie, je crains toujours les intempéries. L'hiver, je redoute les grands froids, les chutes de neige, le grésil et plus que tout, les brouillards givrants. Au printemps et en automne me menacent les bourrasques, les grandes marées, la grêle et les tempêtes. L'été, je crains les grandes chaleurs, la sécheresse, la canicule, les orages. Surtout les orages. En toute saison, j'ai peur des inondations. Certes, je me contente de surveiller la météo ; si elles me soucient toujours, les intempéries ne m'empêchent plus de vivre. Mais il suffit que la pluie tombe dru et longtemps, que le gel immobilise le jardin ou que l'orage menace pour que je sente monter en moi un léger mais évident malaise.

Les plus inquiétants restent les tornades et les ouragans. Heureusement, la Bretagne est assez tempérée et les cyclones y sont rares. Jusqu'à maintenant.

Sous l'escalier

Je suis coincée avec ma mère sous l'escalier de notre maison, dans le réduit prévu pour ranger les seaux et les balais. Par la porte entrouverte, je vois une fenêtre zébrée d'éclairs, j'entends un volet claquer et la pluie crépiter sur le toit, je sens les coups de tonnerre faire trembler la maison. Tout autour de nous, les cieux et les dieux se déchaînent.

Ma mère est enceinte, proche du terme, son énorme ventre tient toute la place. Ce doit donc être pendant le terrible été 1947, si chaud, si lourd, si orageux. Elle m'agrippe contre elle en pleurant et en criant. Elle parle très vite, bafouillant, rageant, crachant. Elle me raconte la mort de sa mère, assassinée, pendue. Je n'y comprends pas grand-chose, mais je sais que c'est terrible. Depuis toujours je sais que c'est terrible. Il ne faut pas en parler, jamais, à personne. Ma mère ne cesse de me le dire. Elle me confie des secrets que je ne dois jamais révéler, elle m'en donne tant de versions que je m'y perds. Mais c'est terrible. Terriblement cruel, douloureux, mystérieux, dangereux.

Elle crie et menace le ciel de son poing fermé, elle est en colère contre ceux qui habitent dans les gros nuages noirs et qui nous lacèrent d'éclairs de feu. Entre elle et les nuées, une terrible guerre est déclarée. Ses yeux roulent, elle me serre les épaules et me crache dans le cou. Elle dit que les cieux sont en colère, que sa mère est furieuse et sort de sa tombe pour la harceler la nuit, que mon père est un salaud, qu'il a des maîtresses, que les morts ne laissent jamais les vivants en paix, que l'orage va venir nous chercher.

Je voudrais me boucher les oreilles, ne plus entendre ces vieilles histoires sans cesse rabâchées, mais ma mère hurle. Elle tonne et ruisselle, vente et tremble. Elle est immense et déchaînée. Elle est l'orage. Aussi violente et imprévisible que le ciel dément. Et elle est malheureuse, elle pleure et s'agrippe à moi. Je voudrais la rassurer. J'essaie de la prendre dans mes bras pour faire écran de mon corps et la protéger.

Mais je n'ai pas encore trois ans et j'ai aussi peur qu'elle. Je crois également que je commence à avoir peur d'elle.

Le pourquoi des choses

Avec le recul, je me dis que j'aurais peut-être pu être géographe ou sismologue. Comprendre les remous de la Terre m'aurait vivement intéressée. Si j'étais née dans un autre milieu, plus cultivé, je serais peut-être devenue philosophe, ou physicienne, ou talmudiste. Chercher l'origine du monde, des choses et des idées m'aurait passionnée. La vie ayant voulu que je devienne éducatrice, j'ai opté pour la psychologie et la psychanalyse. Rien d'étonnant car ma mère me souciait bien plus que la Terre, la matière, le divin ou la pensée.

Je ne pouvais explorer autre chose que la souffrance humaine. La mienne et celle des autres. Les enfants et les adolescents, les mères et la famille, les amours. Chercher à comprendre l'âme des choses et des gens. Analyser. Rechercher. Décrypter. Creuser au cœur des mots, des souffrances, des histoires, explorer l'intime et ses turbulences, ses contradictions, ses paradoxes. Décortiquer les mille voies qui mènent à l'incompréhension, aux violences, à la douleur. Comprendre le pourquoi de tout cela.

Tout le monde se pose la question du sens de sa vie, du sens de la vie. Certains ne cessent d'y songer, d'autres n'y pensent qu'à deux reprises dans leur existence. Lors de la traversée de l'adolescence et lorsqu'ils se savent atteints d'une maladie qu'on dit mortelle. Je fais partie des chroniques, de ceux qui cherchent depuis toujours le pourquoi des choses. Je le cherche sans espérer le trouver. Pour le plaisir, par habitude, par besoin, par incapacité à m'en abstenir. Une démarche qui tient bien plus de la névrose que de la philosophie.

Estompages et clairs-obscurs

Angoisses du demi-jour, phobie des intempéries, crainte des orages, je mis du temps à comprendre que, à l'instar de bien des grands anxieux, ce que je craignais était moins à venir qu'à *revenir*.

Comme nous l'a si bien décrit Winnicott[1] lorsqu'il analyse certaines angoisses insoutenables chez les jeunes enfants, il est des expériences traumatiques d'abandon ou de défaut de protection qui collent à la peau et constituent un danger constant. Dans le vaste continuum de l'angoisse, un passé mal stabilisé peut surgir à tout moment dans le présent et l'avenir.

Le pire était déjà survenu, mais comme je n'avais pas pu l'intégrer, il continuait de me menacer. Je ne savais pas exactement le définir, c'était impalpable, environnant, toujours présent. Il me fallait être sur mes gardes. Tout ce qui se déchaînait ou se figeait m'annonçait des catastrophes. Je devais toujours craindre le pire. Je devais retenir le ciel pour qu'il ne s'écroule pas et les ombres pour ne pas qu'elles m'envahissent, scruter la tombée de la nuit, épier le brouillard, garder un œil sur les averses et les giboulées. Et, surtout, toujours savoir où était ma mère. Plus que tout je craignais de la voir surgir à mon côté, silencieuse et immense, bavarde et minuscule. Intrusive. Invasive. Elle avait les mille bras et les mille têtes de l'angoisse la plus insidieuse.

1. D.W. Winnicott, *La Crainte de l'effondrement et autres situations cliniques* (1939-1970), NRF Gallimard, 2000.

Dans l'effacement des limites, le flou des contours, l'assourdissement des lumières se cachait le monde qui hantait mes nuits. Un monde fourmillant de monstres, de démons et de fantômes. Je savais que si je laissais tomber ma garde, tout se mettrait à grouiller, que je serais assaillie d'immondices, de charognes et d'ordures. Pour ne pas me laisser déborder par la panique, je devais garder le contrôle en toute situation. En perdant la maîtrise, j'aurais perdu la raison. Il me fallait donc fuir les entre-deux, les clairs-obscurs, les estompages. Je ne pouvais prendre le risque de m'aventurer trop près des zones-frontières où mon esprit aurait pu s'égarer.

Insomnies

Cette crainte d'un effondrement qui avait déjà eu lieu et que je ne savais nommer était, je crois, à la base de mes plus grosses paniques et la raison de mes années d'insomnies. Quel que soit le moment du coucher, il m'a longtemps fallu lutter pour accéder au sommeil. J'avais beau m'y efforcer, je ne parvenais pas à me fondre dans la tiédeur du lit, à glisser dans la douceur de l'oubli. Raide, j'attendais des heures qu'en moi la nuit vienne, que la fatigue ait raison de ma vigilance. Mais rien n'y faisait. Le matin arrivait bien souvent sans que j'aie pu beaucoup lâcher prise.

Pour ne pas m'effondrer, il me fallut apprendre à vivre en paix avec mes insomnies. Une paix armée parfois, précaire souvent, relative toujours, mais une paix nécessaire, car la nuit était mon refuge. En général, ma mère s'abstenait de venir me harceler dans mon lit. Je pouvais donc profiter des heures noires que personne ne menaçait. Des moments bénis, privilégiés, solitaires et personnels. Des moments riches où ma pensée pouvait prendre son temps et mes rêveries se déployer. J'étais chez moi dans l'espace creux qui refusait de me mener au sommeil.

La plupart du temps, je m'occupais l'esprit à penser à ce que j'aurais aimé rêver. L'endormissement ou la somnolence ne pouvant venir sans que je les invite, je leur préparais le terrain. Comme on fait le ménage avant l'arrivée de voisins fouineurs, je tapissais mes pensées d'images et d'événements susceptibles d'accueillir mes songes et de les canaliser. Plus encore, il me fallait délimiter mon territoire, le marquer de mon sceau pour que jamais les orages, les ogres et les monstres ne puissent s'y glisser.

J'inventais des mondes et des univers, des aventures et des épopées, je me souvenais, je prévoyais, je pensais, je rêvais. Le sommeil me prenait alors que je pourfendais un dragon, terrassais un diable ou une sorcière, que j'ajoutais une tour à mon château, que je tentais de revivre la journée précédente ou de préparer le lendemain.

Les insomnies me privaient certes de sommeil, mais elles protégeaient mes nuits des cauchemars et m'habituaient à rêver les yeux clos et l'âme éveillée. Aussi curieux que cela puisse paraître, c'est au cœur des insomnies de mon enfance que j'ai appris non seulement à apprécier le sommeil, mais aussi à savourer les longues plages de solitude qui s'étendent entre chacun de mes assoupissements. La nuit comme le jour, en balade ou au lit, vivre en compagnie de soi-même demande un véritable apprentissage. De la tolérance, autant que de l'imagination.

Au pays des enfants sages

Démons et merveilles

J'ai fait partie de ces gosses, plus nombreux qu'on ne le croit, qui aiment les livres. Quand j'étais petite, comme ils étaient rares autour de moi, je m'emparais de tous ceux que je trouvais. Ils étaient souvent ternes, d'un gris-beige jaunâtre, poussiéreux, un peu collants parfois. Je les avais sortis d'un carton, dénichés dans un coin d'étagère ou de placard. J'étais loin d'en comprendre tous les mots, certaines pages étaient moisies, déchirées, ils étaient incomplets, mais ils exerçaient sur moi une vraie fascination. J'ai même entrepris d'en fabriquer un en cousant ensemble des feuilles de papier et en collant du carton pour faire une couverture. L'objet livre m'attirait plus encore que son contenu. Il avait le pouvoir magique de tous les contenir.

Puis il y eut les livres de classe et ceux de la bibliothèque, les livres d'images, les livres de lecture et les livres destinés aux enfants. Je les empruntais avec régularité et je les aurais bien conservés si j'avais eu un endroit pour les cacher. C'est là que je rencontrai pour la première fois le monde étrange des convenances et de la bonne éducation. Fillettes proprettes, garçonnets soignés et obéissants, papas courageux et travailleurs, mamans tendres, sévères et aimantes, tout un monde étrange, onirique et merveilleux. J'adorais les illustrations où l'on voyait la mère faire la vaisselle les hanches ceintes d'un joli tablier à fleurs. Près du feu, dans un salon bien rangé, les enfants s'occupaient calmement pendant que le père lisait son journal en fumant la pipe. Une enfant cousait sous l'œil attentif de sa grande sœur. Les garçons jouaient aux trains électriques, les filles aux poupées. Tout y était ordre et beauté. Un monde si improbable avait tout pour me charmer. Je n'imaginais pas que cela pût exister « pour de vrai ».

On comprendra que je devienne une lectrice assidue de la comtesse de Ségur. Sophie et les petites filles modèles vivent dans un univers parallèle où les cheveux sont peignés, les mains lavées et les punitions justifiées. Qu'elles soient coiffées d'anglaises et vêtues de longs pantalons dépassant de leurs jupons ne me les rendaient pas plus étranges que la morale et les punitions qui accompagnaient la moindre de leurs incartades. J'étais loin d'en comprendre la logique, mais je ne détestais pas que les fillettes soient fessées ou enfermées dans leur chambre. Tant de manières méritaient bien un peu de sadisme.

Dans le monde imaginaire des enfants gentils et des vilains garnements vivaient également les fées, les sorcières, les gnomes et les reines coupeuses de têtes. C'est là qu'habitait Peter Pan, un grand ami à moi qui s'envolait vers les garçons perdus, toute la bande des copains de Mowgli, Blanche-Neige et le lapin d'Alice. En fait, dans ma vie d'enfant, il n'y avait que deux mondes, le mien et celui des livres. Celui de la réalité, limitée, brutale et sordide et celui du rêve, géant.

Les morts, les monstres et les lutins

Je savais ce que savent tous les enfants : les morts, les monstres et les lutins sont parmi nous. Les univers se côtoient et se chevauchent, les esprits et les fantômes se promènent, les réalités se croisent et se dissolvent. Certes, les fillettes anxieuses à qui leur mère fait partager ses souffrances en savent un peu plus que les autres, mais il leur suffit d'ouvrir un livre pour avoir la confirmation de ce foisonnement. Comme je vivais en compagnie des morts, des sorcières et des fées, j'ai adoré vivre avec les livres. Leurs histoires étaient les miennes. J'en imaginais autant que j'en lisais.

Vinrent les années de collège et ma vie fut bousculée par la littérature. Durant ces années-là, je dévorai tous les livres de poche que je pus me procurer. Revoir les vieilles couvertures des collections de l'époque me procure encore un intense plaisir. Ils me firent découvrir le monde. Moins sa géographie et son histoire que sa culture, ses émotions, ses coutumes. Chaque lecture m'ouvrait le cœur des hommes, leurs faiblesses, leurs espoirs, leurs crimes et leurs châtiments. Chaque livre me rassurait sur mon statut d'être humain. Certes, nous étions misérables, mais nous l'étions tous, sans exception. Je n'étais plus seule au royaume des déments et des morts.

La découverte qui me fit pénétrer au plus creux du malheur fut décisive. Le théâtre classique. Je crois qu'il me sauva la vie. La tragédie antique me réconcilia autant avec l'ordinaire qu'avec l'extraordinaire du quotidien de la vie chez mes parents. Elle me permit de supporter la charge de souvenirs et de mémoire qui ensevelissait la parole dans ma famille. Grâce à l'intelligence d'un professeur de français, j'eus accès au monde de violence et de cruauté qui m'était familier et que je croyais personnel. Ce fut pour moi un vrai choc, une illumination. L'enfer ne brûlait pas uniquement dans ma famille, bien d'autres lignées, et pas des moindres, semblaient maudites. Malédictions, revenants, successions de morts violentes, destinées funestes, excès en tous genres, un monde qui ressemblait au mien se trouvait magnifié par les toges et les alexandrins et immortalisé dans les classiques Larousse. On pouvait porter la mort tragique de sa grand-mère maternelle et supporter la folie rageuse de sa mère sans être plus tarée que bien des princes et des rois de l'Antiquité.

Imprécations

— « Rome, unique objet de mon ressentiment[1]... »

Dressée sur l'estrade, je fais face à mes camarades. Le professeur est adossé à la fenêtre. Depuis le début de la tirade, la classe entière retient son souffle, personne n'a murmuré ni bougé.

— « Puissent tous ses voisins ensemble conjurés/Saper ses fondements encor mal assurés!/Et si ce n'est assez de toute l'Italie,/Que l'Orient contre elle à l'Occident s'allie./Que cent peuples unis des

1. Pierre Corneille, *Horace* (IV, 6), v. 1301-1318, 1640.

bouts de l'univers/Passent pour la détruire et les monts et les mers!/Qu'elle-même sur soi renverse ses murailles,/Et de ses propres mains déchire ses entrailles!/Que le courroux du Ciel allumé par mes vœux/Fasse pleuvoir sur elle un déluge de feux! »

Lorsque je termine, ma voix se casse.

— « Puissé-je de mes vœux y voir tomber ce foudre,/ Voir ses maisons en cendres et tes lauriers en poudre,/ Voir le dernier Romain à son dernier soupir,/Moi seule en être cause et mourir de plaisir! »

Le silence qui succède est lourd d'émotion. Je n'entends que ma respiration courte et saccadée. Je ressens un tremblement dans le genou droit, la tête me tourne, je manque d'air. Je dois sortir pour aller aux toilettes. Le professeur me suit des yeux avec émotion. J'y vois presque de la tendresse, cela me fait peur.

Cette femme ne sait rien de moi, de ma vie ou de ma famille. Elle ne peut donc savoir ce qui me donne des ailes et me rend si convaincante. À l'époque, je ne le sais pas encore moi-même. L'aurais-je su d'ailleurs que je me serais tue. On n'expose pas son malheur et ses hontes devant tout le monde.

Tragédies familiales

Pendant longtemps, j'ai associé ma passion pour Corneille et pour les alexandrins à la rencontre de cette femme intelligente et discrète qui enseignait le français aux élèves du collège et du lycée de jeunes filles de ma ville de province. Avec patience et concentration, elle réussit à éveiller dans le sauvageon que j'étais le goût de la langue, des mots et des grands élans. Elle transforma ma vie. Dans l'univers tragique, j'étais chez moi. Il y régnait passions, secrets, incestes, tout comme dans ma famille. On tuait les petits-enfants, on pendait les mères. Les héros étaient prêts à mourir pour leurs idées. Et ils mouraient.

Ainsi, en déclamant les tirades du répertoire classique, j'exprimais – sans le savoir précisément – des sentiments et des aspirations qui m'étaient personnels. Corneille est parfait pour des gosses submergés par des émotions trop lourdes et trop diffuses. Le modèle d'honneur et de gloire qu'il offre est une superbe alternative à la confusion des sentiments. Comme le tout jeune papillon qui se dégage de sa larve, je sortais de l'enfance sans protection. J'avais encore besoin d'armures, l'orgueil, l'obstination et la haine me convenaient parfaitement. J'étais heureuse de déclamer des grands sentiments, solennels, élevés, emphatiques, qui me permettaient de refouler tout ce que ma vie contenait de petits émois, mesquins, douloureux, ambigus.

En fait, je venais à peine de me dégager de l'effroi dans lequel ma mère me tenait en troquant des pans entiers de la peur qu'elle m'inspirait pour de la haine. En partie libérée de la gangue d'oppression qui m'avait ligotée pendant mes années d'enfance, je découvrais comment un sentiment peut donner une illusion de force. La haine me donnait l'étrange confort de me sentir invulnérable. Bien protégée de ma peur, armée contre ma mère, je me croyais armée pour la vie.

Il me suffit aujourd'hui de relire les imprécations de Camille et de remplacer Rome par le prénom de ma mère pour sentir courir sur ma peau les frissons d'excitation haineuse et vengeresse que le texte me procurait. Comme l'héroïne, je désirais la fin de l'unique objet de mon ressentiment. Comme elle, je voulais voir les mondes se soulever pour l'anéantir. Assistant à sa destruction totale, dont j'aspirais à être la seule cause, comme elle, je voulais en mourir de plaisir.

Fantastique

En quittant le lycée pour me préparer au beau métier d'éducatrice, j'oubliai les classiques Larousse, mais je fis d'autres rencontres bouleversantes. Tout d'abord, il y eut la littérature fantastique. J'y trouvai de quoi frissonner et, surtout, je compris que je n'étais pas seule au pays des morts-vivants. Tout sombre et noir qu'il était, mon ciel prenait de la profondeur. Tout devenait possible. Y compris de cohabiter avec l'indicible. Je me lassai toutefois assez vite de ces récits où rampaient des monstres qui n'étaient pas les miens, des obsessions et des paranoïas que je ne partageais pas. Car rien n'est plus personnel que le délire et la folie. Dans cette démesure-là, je ne me sentais pas chez moi.

En découvrant la science-fiction, je crus avoir trouvé ma terre promise. S'y déployaient des univers grandioses, des mondes, des civilisations et des modes de vie inconnus sur notre planète, des voyages dans le temps, dans l'infini microscopique ou cosmique. Je dévorai tout ce qui était à ma portée et rêvai d'écrire la saga de preux chevaliers décidés à vaincre le mal sur la terre et dans la multiplicité des univers parallèles. Chaque nouvelle lecture me ravissait et m'apaisait, tout en rendant un peu ridicules les démences de mon petit monde familial et mes inventions baroques pour m'y adapter. Mon imagination avait beau être active, elle était loin d'avoir la puissance de Frank Herbert[1] et des autres auteurs dont je découvrais

1. Frank Herbert, *Dune* (1965), Pocket, 2005.

les créations. Au pays des faiseurs de monde et des grands givrés créatifs, je n'étais qu'une novice sans envergure.

Ce que je trouvais le plus fascinant dans ces étranges littératures, c'était la place donnée aux morts et aux pouvoirs surnaturels. La proximité des défunts m'était familière, leur présence et leur influence également. J'aurais pu flirter avec le spiritisme si je n'avais trouvé ridicules les grandes mises en scène qui accompagnent souvent la conversation avec les disparus. Mais je me régalais de la transmission de pensée, des mutants, des fantômes et autres formes de revenants. Je ne m'en suis jamais lassée et suis devenue assez adepte des séries américaines qui nous racontent les histoires de vampires amoureux ou de télépathes empathiques.

Les mutants, les extraterrestres et les vampires

Aujourd'hui encore, en ouvrant le programme télé, je recherche les films fantastiques, les épopées médiévales imaginaires, les films d'horreur, les histoires d'au-delà, tout ce qui parle d'anticipation et de science-fiction, de mondes parallèles, de mythes, contes et légendes. De *La Nuit des morts-vivants* à *Star Wars*, en passant par *E.T.*, *Harry Potter* et *Alien*, sans oublier un certain nombre de feuilletons américains dont je préfère taire les titres par crainte de passer pour une demeurée, je me régale. Je sais bien que j'ai passé l'âge, mais je me régale. Je me régale car je m'y retrouve. À soixante ans comme à quinze, je me reconnais dans les mutants, les intelligences artificielles, les petits extraterrestres perdus et autres voyageurs galactiques. Et je savoure les mondes extraordinaires, improbables et vertigineux qui m'ont longtemps permis de supporter ma famille.

J'en suis consciente, ces escapades n'ont pas le pouvoir de transformer le quotidien, elles m'ont toutefois aidée à traverser mon ordinaire sans m'y enliser. Ce ne sont que des échappées imaginaires, ponctuelles, qui ne changent rien aux choses de la vie, mais qui aident à penser plus loin que le bout de son nez. À repousser les portes des habitudes et le poids des conventions. Dans leur monde, chacun peut se sentir étranger à sa famille, à son genre, à sa classe, et parvenir à trouver d'autres mutants avec qui échanger, voire changer le monde.

Or la route est longue pour parvenir à changer le monde et à changer son rapport au monde. Il faut déjà oser le regarder en face, ce qui n'est pas une démarche facile. On commence bien souvent par vouloir enterrer ses cadavres, enfermer ses démons, fuir leur pestilence et échapper à leurs cris. S'envoler, s'évader, se nier. C'est ce que j'ai fait. On essaie également de construire des forteresses, de se défendre en hérissant des pics et en creusant des fossés pour tenir à distance l'ennemi extérieur et son clone intime. Je l'ai fait aussi. Pour supporter les tragédies du passé de ma famille, j'ai construit des machines de guerre. Pour supporter mon mal de vivre, je me suis armée contre l'angoisse. La douleur d'être a souvent pris toute la place.

II

DOULEURS D'ÊTRE

Les temps déraisonnables

Primo-infection

J'allais avoir cinq ans. Une grosse bronchite avec une très forte fièvre – qui s'avéra être une primo-infection – m'ayant rendue intransportable, alors que mes parents quittaient notre village pour s'installer en ville, on m'avait confiée à des voisins qui gardaient les enfants dont les parents ne pouvaient s'occuper, dont certains de l'Assistance publique. Famille d'accueil, dirait-on aujourd'hui. Ils s'appelaient M. et Mme Mignon.

Je n'ai aucun souvenir du jour où je fus conduite chez eux, la fièvre me rendant la plupart du temps somnolente. La seule chose que ma mémoire ait conservée, ce sont les formidables inondations qui avaient rendu les rues du village impraticables. Le petit ru qui serpentait joyeusement au milieu du bourg et la Marne avoisinante avaient débordé de leurs lits pour noyer les maisons. Magistrale coïncidence, le déchaînement des éléments illustrait parfaitement le drame intime qui me coupait des miens. J'avais la fièvre, mon monde disparaissait sous les flots, mes parents partaient au loin en me laissant seule avec des inconnus. Un beau scénario pour un film catastrophe ou pour une anamnèse d'abandonnique. Ce fut pour moi la première expérience de la dépression.

Je dirais que je me suis endormie. Pour ne pas penser. Pour ne pas souffrir. Je crois avoir somnolé assez longtemps. Abrutie par la fièvre et choquée par la brutalité d'une séparation qu'on ne m'avait pas expliquée, j'éprouvais quelques difficultés à trouver des repères dans une maison où les gens, les choses et les habitudes m'étaient inconnus. Le temps était informe.

Puis le ru retrouva son lit, la Marne se retira des champs et réintégra ses berges. Je restai chez ces gens que j'apprenais à connaître, qui apprenaient à m'aimer. Mes parents ne me donnèrent aucune nouvelle. Ils m'avaient oubliée.

Au commencement était le crime

Les Mignon connaissaient l'histoire de ma mère. Ils savaient ce que tout le monde savait, mais jamais ils ne m'en parlèrent car jamais ils n'en parlaient. On n'évoque pas ces choses-là avec les enfants. Ni avec les voisins. On ne les évoque pas du tout.

L'histoire était dramatique et banale, de celles qui couvent sous les cendres de bien des maisons, dont personne ne discute ouvertement, mais qui ne quittent jamais les esprits. Marie, ma grand-mère maternelle, avait été retrouvée pendue dans sa cuisine. Assis à ses pieds, son fils, qui revenait d'un internement en camp de concentration, était plongé dans un mutisme total. Très peu de temps auparavant, tout le monde les avait entendus se disputer violemment. Personne ne put jamais savoir la part qu'il avait prise dans la mort de sa mère. Il n'en dit jamais rien. La seule qui pouvait en savoir quelque chose, c'était ma mère, qui fit tout pour protéger ce frère qu'elle adorait. Ainsi, aucune enquête ne vint fouiller dans les relations passionnées qui unissaient et heurtaient la mère et le fils. On parla de suicide. L'affaire fut étouffée. Le secret resta dans la famille, le mystère rôda dans le village. Ma mère ne pouvant porter seule une tragédie trop lourde pour elle, elle me raconta en détail les mille versions d'une mort qui ne la quittait plus.

Un an après, elle voulut tuer le bébé né sous les orages de l'été. Ma petite sœur qu'elle avait trouvée difforme. Elle lui colla un tampon imbibé d'éther sur la bouche et la petite n'aurait pas survécu sans l'intervention de ma grand-mère paternelle qui la lui arracha pour la confier au papa affolé. Mon père, que tout le monde disait pataud, devint immédiatement un expert en bébé et s'occupa de la petite avec tant d'amour qu'elle se métamorphosa en la plus jolie petite fille du monde. Je ne sais si j'assistai à la scène, mais elle figure en bonne place dans mes souvenirs d'enfance, comme un de ces hauts faits qui illustrent une famille, ses lignées, sa démesure. Chez nous, au commencement était la mort, au commencement était le crime. Au commencement étaient les mères et leur démence.

Mais tout cela n'avait pas que des mauvais côtés. Depuis que ma mère était devenue folle, plus personne ne se souciait de moi. Papa s'occupait du bébé, maman se cachait dans sa chambre aux volets clos, ma grand-mère était repartie chez elle retrouver son jardin et son mari. J'errais seule dans la maison, sur les chemins, dans les champs et les prés. Libérée de ma mère, j'expérimentais les choses de la vie en solitaire. J'en garde des très bons souvenirs.

Et, bien sûr, je fis des bêtises. J'avais trois ans. Quatre bientôt. Il y eut l'incident des canetons. Minuscules et duveteux, ils se réchauffaient dans un carton posé sur un coin de la cuisinière. Bien que n'ayant pas le droit d'y toucher, je ne sus résister au désir de les prendre dans mes mains et de les embrasser. Ils ne se débattirent même pas, mais perla très vite sur leurs becs une grosse goutte de sang rouge. La mort n'avait pas quitté la maison.

Dans la foulée, je mis le feu à une grange pour montrer à une poignée de gamins de mon âge comment s'enflammaient des allumettes. Curieux, ils m'avaient suivie, peureux, ils s'enfuirent dès que la paille explosa, cafteurs, ils me dénoncèrent. Sans savoir qu'ils étaient allés brailler partout dans le village que j'avais mis le feu, je restai seule devant un spectacle dont la totale beauté me coupait les jambes. Mille fusées pétaient et explosaient dans un enfer de crépitements et de détonations, l'odeur âcre et puissante me tournait la tête. L'affaire fit grand bruit. L'été était très sec. Mon père dut affronter ses voisins, me tancer et me corriger, mais ne s'en inquiéta pas et ne m'en tint pas rigueur. Les gosses faisaient des bêtises, il suffisait de les corriger. Ce qu'il fit. J'étais une enfant difficile, c'est tout. Enfermée avec les monstres et les orages, ma mère n'en sut rien.

Rien de tout cela ne me suivit chez les Mignon. La vie chez eux était paisible. À en oublier les diables, les folles, les pendues et les bébés difformes. Ce que je fis. Tout était rangé dans le grenier avec les autres secrets, tous plus ou moins honteux, que chacun gardait de la guerre et de l'Occupation.

La maison des cauchemars

Lorsque mes parents vinrent me rechercher, plus d'un an après m'avoir laissée, j'eus du mal à les reconnaître. Ils avaient changé. Tandis que je me construisais une vraie vie de campagnarde, la ville avait fait d'eux des citadins. Ils semblaient agités, méfiants et fiévreux. Ma mère m'inspectait comme si j'avais des poux, mon père regardait ailleurs. Elle avait l'air inquiet, agité, il semblait perdu.

Arrivée dans leur nouvelle maison, j'eus l'impression d'être tombée dans une boîte de marionnettes déréglées. Les parents ne tenaient pas en place. Ils s'agitaient dans tous les sens et se criaient dessus sans se regarder. La cause de leur excitation était le magasin, un extraordinaire château magique, rutilant et prospère. Sur les étagères des boîtes innombrables, sur le comptoir des bocaux de toutes les couleurs, dans les vitrines d'invraisemblables merveilles. Tout était riche, gai, coloré, à profusion, lumineux. À chaque instant, la sonnette tintait et ma mère accourait, tout sourire. Elle appelait les clientes « madame », connaissait leur nom de famille, leur donnait toujours raison et les critiquait amèrement dès qu'elles quittaient la boutique et que la porte se refermait.

De l'autre côté d'un sombre couloir commençait le monde triste et sordide de la famille. Bien que plus d'une année se soit écoulée depuis leur déménagement, ils n'avaient pas encore fini de s'installer. Papiers peints décollés, carrelage collant, semi-pénombre, fatras de cartons et de caisses à demi vides, odeur d'humidité. Tout était en vrac, en instance. Personne n'avait le temps de s'occuper de la maison, ni du ménage, ni des enfants. Comment auraient-ils pu avoir le loisir d'écrire, ne serait-ce qu'une lettre, pour prendre de mes nouvelles ou me raconter leur nouvelle vie?

Ce fut l'époque de mes pires cauchemars. Non pas que je fusse particulièrement sensible au désordre général et à la saleté ambiante, j'avais maintenant six ou sept ans et me moquais bien d'enjamber un tas de vêtements mi-propres, mi-sales pour atteindre mon lit ou de devoir laver un bol pour y verser du lait. Nos parents ne parvenant pas à gérer en même temps l'épicerie et la maison, ils n'avaient aucun temps pour la vie de famille. Ma sœur et moi étions donc livrées à nous-mêmes. Étant habituée à la solitude, je ne m'en plaignais pas du tout. Ma sœur, en revanche, pleurait beaucoup. Elle avait la peau pâle et les cheveux blonds, ses grands yeux bleus réclamaient des câlins et des caresses, sa main collante cherchait toujours une main. La tendresse que mon père lui accordait – bien trop ponctuellement d'ailleurs – ne parvenait pas à compenser l'indifférence totale de ma mère à son égard. La petite en souffrait. Et j'étais loin de lui apporter la consolation dont elle avait besoin.

La nuit, alors que le calme envahissait la chambre et que la lumière du réverbère dessinait des ombres sur les murs, d'horribles choses venaient visiter mon sommeil. D'immenses silhouettes gesticulaient autour de moi, me hurlaient dans les oreilles, repoussaient drap et couverture et me jetaient hors du lit. Le matin me trouvait sur le parquet, pelotonnée dans un recoin de cette chambre hantée.

Il m'était impossible de parler à quiconque de ce qui me persécutait ainsi chaque nuit. Ce n'étaient que des ombres. Ce n'étaient que des cris. Je ne savais rien en dire. Et, surtout, je n'aurais pas su à qui en parler. Car la seule personne qui aurait pu comprendre était celle-là même à qui je ne pouvais rien en dire. Ma mère. Trop fragile pour que je l'inquiète, trop imprévisible pour que je me plaigne, trop menaçante pour que je l'alarme.

Heureusement, je ne restai pas longtemps chez mes parents cette année-là. À peine avais-je eu le temps de découvrir l'école Clairmarais et ses enchantements que ma mère dut partir à l'hôpital. Elle confia ma sœur à sa cousine. Je pris le train pour aller chez mes grands-parents paternels. Ce fut le début d'une longue série de séjours heureux, dans la paix des choses, le silence, la solitude, autant de séquences paisibles qui me permirent de me construire une vie.

Ma mère, ma peur

Bien après que fut terminée mon analyse, mon sommeil resta lacéré d'histoires sanglantes, traversé par des monstres, hanté par des spectres et des cadavres. J'avais beau tenter de médicamenter mes nuits, je ne pouvais rien contre la peur qui m'habitait. Car la peur du soir, les cauchemars et bien d'autres des douleurs d'être qui accompagnaient mes pas avaient tous la même origine, ma famille et la même cause, ma mère, son histoire, sa démesure et la terreur qu'elle m'inspirait.

Ma mère fut ma hantise, mon ennemi secret, une plaie suintante à mon flanc, un corbeau me dévorant le foie. Sa folie s'incrustait dans ma peau et tout au fond de mon âme. Toute petite fille, avant qu'elle ne perde la tête, je l'ai aimée. Adorée même. Puis est venue la peur, puis est venue la haine. Et la honte, la culpabilité. Le remords.

Enfant, je l'ai crainte; adolescente, je l'ai haïe, sans jamais pouvoir apprivoiser ma peur ni ma haine, sans savoir que les racines de mes maux s'enchevêtraient à celles des siens, sans deviner à quel point son histoire de fille et ses malheurs de femme creusaient en moi. Elle n'a jamais deviné qu'elle hantait mes nuits comme sa mère hantait les siennes. Savait-elle seulement qu'elle me terrorisait, que son amour, loin de me protéger, me menaçait? La malheureuse n'aurait pu imaginer une telle atrocité. Ni prévoir qu'elle continuerait de me mettre en danger bien longtemps après que je l'eus quittée, qu'elle fut décédée, que je fus devenue mère. Au cœur névralgique de ma vie, de mes angoisses, de mes souffrances, toujours était ma mère.

Sa mort ne me causa longtemps aucun chagrin. La terreur et la haine m'habitaient encore, occupant toute la place dans ma vie. La culpabilité s'ajoutant à la honte et au dégoût, ce fut pire. Immense, griffue, plaintive, elle accaparait mes pensées et déchiquetait mes rêves. Elle accompagnait mes jours, hantait mes insomnies, buvait mon énergie. C'était la reine incontestée de mes nuits, elle y trônait habillée en sorcière, transformée en squelette, en cadavre coulant. Jamais elle ne me lâchait. Je voyais sa main soulever le couvercle de son cercueil, son ombre sortait de sa tombe, elle venait frapper à la porte, s'asseoir à ma table. Je ne savais pas ce qu'elle voulait.

Il me fallut un long travail personnel, qui commença par une psychanalyse, se prolongea dans l'écriture de son histoire, puis de la mienne, et qui continue de cheminer en moi, pour que j'apprivoise ma peur, que je calme ma haine et qu'elle accepte de reposer en paix. Il fallut des années avant que l'aube se lève sur mes nuits agitées, des années où il m'a fallu vivre avec l'ombre démente qui ne me quittait jamais. Comme une prolongation de moi-même. Il me fallut m'armer et me défendre. Autant contre elle que contre moi. Autant pour la fuir que pour échapper à l'omniprésente angoisse qu'elle m'avait inoculée.

De petites frappes (2) – Dans le bureau du directeur

Je suis convoquée chez le directeur du centre pour un premier entretien. Ce monsieur important – il est le seul à porter costume et cravate – me reçoit dans une pièce lumineuse au sol couvert de tapis. Il reste assis derrière un immense bureau quasi vide et ne m'invite pas à m'asseoir. Par la fenêtre, je vois l'horizon, j'entends un enfant rire. Rien n'indique qu'on soit dans un centre de redressement pour jeunes délinquants. On ne devine pas le château où sont hébergés les garçons, on se croirait loin de l'internat, des ateliers, des dortoirs, la maison du directeur et son bureau étant séparés de l'établissement par des murs et des haies. Penché sur un dossier qu'il semble lire avec application, le directeur ne me prête aucune attention. J'attends donc.

Mon stage vient de commencer et je suis assez perdue. Pour l'instant, je suis « en double » avec un éducateur chevronné qui ne m'explique pas grand-chose et que je suis censée prendre pour modèle et imiter. Il braille à longueur de journée et, lorsqu'il lève la main, les gosses se ratatinent sur eux-mêmes. L'homme est craint, c'est évident. Je ne trouve pas que ce soit très éducatif, mais j'ai encore beaucoup à apprendre. Pour l'instant, j'observe. Cet internat est d'ailleurs un centre d'observation et je suis tenue de noter sur un cahier le déroulement précis de mes journées de travail. Je dois décrire le comportement des garçons, conduite, incartades, méfaits, désobéissances. Cet exercice me déroute, je crains de ne pas réussir à être assez précise et juste dans mes transcriptions.

S'ajoute à cela une inquiétude plus lourde. On vient de m'apprendre que je dois travailler toute seule dès le lendemain. J'aurai le groupe des Écureuils, les plus jeunes. Des gamins de douze ans. Je me sens assez démunie, mais j'ai bon espoir que cet homme me conseille, me guide et me transmette une partie de son savoir. J'attends donc en contrôlant mon impatience. Enfin, il lève la tête de son dossier et me regarde. Enfin, il parle. Les mots qu'il va prononcer me poursuivront ma vie durant. Je les entends encore.

— Mademoiselle Vaillant, je n'ai qu'un conseil à vous donner. Quand vous donnez une gifle, vous reculez d'un pas !

Je sors comme assommée. La gifle, je viens de la prendre en pleine figure ! Je ne serai jamais une bonne éducatrice, ce dont mes collègues sont d'ailleurs déjà convaincus. Ils ricanent, attendant le bilan d'un stage qu'ils parient ne jamais pouvoir être validé. Pendant des mois, je vivrai la peur au ventre, effrayée par des gosses que je n'arrive pas à dominer, accablée par un règlement que je ne peux ni comprendre, ni appliquer, ni défier. Pendant des mois, sans espoir, sans issue, sans aide et sans recours, je buterai contre des méthodes éducatives violentes que je n'ai même pas l'idée de contester mais qui enfoncent en moi la certitude de mon absolue nullité.

Ces mois de cauchemars me font découvrir non seulement des aspects du métier que je n'avais pas imaginés et que je passerai toute ma carrière à vouloir faire évoluer, mais aussi une bonne partie de moi-même, de mes incapacités, de mes angoisses et de mes peurs, et aussi de mes forces. Cette expérience me mènera directement sur le divan d'une psychanalyste, puis à l'université pour faire un cursus de psychologie clinique, puis à me spécialiser dans les questions de violence et d'adolescence, avant de m'ouvrir aux complexités et aux impasses de la parentalité et de la famille.

Tout en culpabilisant beaucoup de ne pas avoir pu le faire à l'époque de mon stage, je m'attacherai à dénoncer les méthodes éducatives militaires et musclées, la stigmatisation systématique des enfants perdus, les brimades et les violences institutionnelles. Je m'efforcerai de comprendre et d'expliciter les origines multiples de la délinquance des jeunes et d'explorer les voies éducatives et judiciaires responsabilisantes, les sanctions alternatives à l'incarcération… Avec d'autres, je me battrai pour contrer la machine sociale, policière et judiciaire qui transforme les gamins des rues et des cités en voyous, ces voyous en délinquants et ces délinquants en dangers publics.

Le combat des enfants contre la violence et la peur était le mien. Comme eux, j'ai mis au point des stratégies pour survivre à l'angoisse et au chaos, comme eux, j'ai hérissé mon existence de barrières et de piques. Comme eux, je me suis trouvée bien longtemps incapable de voir que ces machines de guerre obstruaient une grande partie de la lumière et entravaient l'espoir de changer.

Mes machines de guerre

Déambulations nocturnes

Les lumières de la ville ont la fâcheuse habitude de faire tomber la nuit sur les rues bien avant que dans le ciel. Pour le promeneur solitaire, les trottoirs des quartiers centraux sont parsemés de taches claires, plus ou moins lumineuses, selon qu'il côtoie des vitrines ou les fenêtres des rez-de-chaussée dont on n'a pas tiré les rideaux.

Dans mes débuts de jeune éducatrice, après avoir découvert à mes dépens l'institution de l'époque, alors que je faisais mes premiers pas dans la région parisienne, loin de mes repères et de mes enfers familiaux, il m'arrivait souvent d'errer le soir dans les rues. Il suffisait que le ciel soit bien sombre et que les lumières de la ville aient totalement noyé le crépuscule pour que me vienne l'idée d'aller déambuler dans les rues. Certes, mon logement de stagiaire était loin d'être douillet, mais comme la vie chez mes parents ne m'avait pas habituée au confort, j'aurais pu facilement y passer mes soirées si ne surgissait en moi, assez souvent, l'envie d'aller marcher. C'était comme une impulsion, un élan qui me propulsait hors de chez moi et m'attirait sur le pavé de la ville.

Je ne m'aventurais pas dans les ruelles obscures ou les impasses sordides. Je n'allais pas non plus vers les places ou les fontaines ni vers aucun monument connu ou somptueux. J'optais pour les avenues et les boulevards, de préférence plantés d'arbres, les trottoirs lisses et spacieux, les immeubles cossus, les porches, les murets et les grilles, tout ce qui étalait son opulence dans la demi-ombre que tachetaient d'or les réverbères. Je marchais vivement, longeant les maisons, ralentissant à peine devant les fenêtres des rez-de-chaussée qui m'attiraient et que je ne pouvais ni m'empêcher de regarder ni m'autoriser à contempler, encore moins à observer.

Ce qui me fascinait, c'était de percevoir entre les plis de doubles rideaux mal joints les lumières d'un appartement. Une lampe, un canapé, une cheminée, un coin de tapis. Je passais vite, troublée de deviner une intimité familiale que je voyais prospère et que je supposais paisible. Je passais vite, sans m'arrêter, presque sans ralentir, sans regarder, le cœur agité, la tête fiévreuse, secrètement fautive, secrètement satisfaite.

Il n'aurait pas fallu qu'on me surprenne. Je ne pouvais en parler à personne. C'était mon secret. Un vilain secret. J'avais honte de moi. De ma curiosité bien sûr, mais aussi de cette excitation que je jugeais malsaine, cette jubilation, cette forme discrète de voyeurisme qui me faisait frôler les murs comme une grande perverse. Il ne me serait jamais venu à l'idée de m'arrêter et d'épier ce qui se passait dans les intérieurs que j'aimais entrevoir. Il suffisait d'ailleurs que les rideaux ne soient pas du tout tirés pour que je m'enfuie sans rien vouloir voir. Je n'étais pas là pour observer, ni pour espionner, encore moins pour contempler ou étudier, je ne faisais que passer.

Mais j'aimais passer. J'aimais être celle qui passe. J'étais celle qui passe le soir quand la nuit est là. Celle qui passe et que personne ne retient, que personne ne voit, dont personne ne veut. Celle qui voit sans qu'on la voie. Qui vole un coin d'intimité, une image, la perception d'un monde inconnu, peut-être désiré.

Je m'approchais de fenêtres dont je m'empressais de m'éloigner, me nourrissant du spectacle que je refusais de voir, que je n'osais imaginer, celui d'intimités que je n'aurais pas voulu partager. Je n'aurais d'ailleurs jamais reconnu qu'elles puissent me manquer. J'allais de par les rues, honteuse, jusqu'à ce que la fatigue me force à regagner mon logis et que je me couche épuisée, incapable de trouver le sommeil.

Je ne savais pas pourquoi j'allais ainsi traîner le soir sur les trottoirs de la ville. Je ne cherchais d'ailleurs pas à le savoir. Les larges zones d'ombre qui rendaient floue ma perception de la réalité s'accommodaient à cette époque fort bien de mes vigilances, de mes migraines et de mes insomnies.

Va voir dehors si j'y suis

Pendant mes années d'analyse, je suis revenue sur ces déambulations nocturnes. L'aura d'urgence et de gêne qui entourait cette pulsion voyeuriste et son inhibition ne pouvait correspondre à de la simple curiosité. Il me vint à l'idée que j'obéissais à la classique injonction parentale, qu'entendaient souvent les enfants de ma génération et de mon milieu : « Va voir dehors si j'y suis ! » C'est la forme imagée d'une éviction, une manière enjouée ou rageuse d'envoyer un peu plus loin un gamin encombrant. Une façon qu'ont les parents de se débarrasser de lui en veillant bien à ce qu'il ne puisse se débarrasser d'eux.

Dans sa forme littérale, c'est une recommandation d'une logique implacable – celle de l'inconscient – qu'une fille comme moi entendait parfaitement. Face à l'omnipotence et l'omniprésence maternelles, il me fallait en effet toujours vérifier où était ma mère, pour éviter d'y aller. Aller voir dehors si elle y était devenait donc indispensable si je voulais pouvoir sortir à mon tour. Toujours vérifier que le champ était libre, et la vie possible loin des tentacules et des griffes de celle qui m'obsédait.

Mes errances ressemblent à celles de tant d'insomniaques, poussés à déambuler sans objet et sans plaisir, comme pour tenir éloignés l'assoupissement et ses risques, le sommeil et ses monstres. Marcher, comme pour se rendre à un rendez-vous, comme pour échapper à un rendez-vous.

Les petits papiers

Au début de mon adolescence, alors que la puberté venait de transformer le garçon manqué que j'étais en grosse dondon empotée, je pris l'habitude étrange de me fixer des rendez-vous.

Relégué dans le vaste cagibi qui prolongeait la maison traînait un vieux comptoir provenant du dernier magasin qu'avaient tenu mes parents. Je l'avais élu pour en faire mon bureau. La pièce étant glacée, ma mère n'y venait jamais, je pouvais donc m'isoler en paix. Dans un des innombrables tiroirs et casiers du mastodonte, je cachais des petits papiers, sévèrement pliés, sur lesquels j'inscrivais une date, une heure et une pensée. Ensuite, avec la régularité d'un facteur de province, j'allais fouiller tel coin ou tel recoin des très nombreuses caches que recelait le meuble pour dénicher mes messages, les déplier soigneusement et les lire. J'espérais toujours en découvrir un très ancien, que j'aurais oublié, qui me surprendrait. Que peut-être je n'aurais pas écrit.

La dissimulation des indices avait lieu le soir. Dans la pénombre d'une pièce très mal éclairée, je semais mes petits cailloux, comme pour baliser le chemin qui me mènerait jusqu'au lendemain. L'exploration avait lieu le matin. Je furetais rapidement avant de partir pour le collège. Il m'arrivait assez souvent de ne pas avoir le temps de déplier et de lire le papier que j'avais trouvé, je m'empressais alors de l'étaler sur mes genoux une fois arrivée en cours et de le lire avec ravissement.

La délectation que me procuraient ces petits messages à moi adressés, par moi adressés, peut sembler incompréhensible. À l'époque, je ne savais pas ce qui se jouait pour moi et quelle fonction protectrice pouvait avoir cette correspondance secrète. Je sais aujourd'hui que tels des ponts tendus au-dessus du vide, mes billets tissaient un passage entre les veilles et les lendemains, organisant la continuité d'un temps dont le morcellement me menaçait.

Car je faisais partie des enfants qui se couchent le soir sans jamais être assurés de voir venir l'aube. La nuit n'était qu'un long sas peuplé de pièges et d'obstacles infranchissables. Il me fallait prendre garde à ne pas m'endormir, à survivre à mes cauchemars, et veiller à me réveiller. De la même manière, il me fallait tenir la suite des jours pour éviter que la semaine ne se désarticule, ne s'émiette, ne se dissolve ou ne se liquéfie. Je ne m'endormais jamais sans égrener les jours de la semaine comme on le fait d'un rosaire, vérifiant le bon ordonnancement du calendrier hebdomadaire. Je vérifiais également l'ordre des mois et celui des heures.

Sonnent les heures

Parmi les malheureux ponctuels qu'on dit souvent « avoir une horloge dans le ventre », j'ai la particularité de toujours savoir l'heure. Il suffit que je dise « quelle heure est-il? » et ma réponse suit, précise et juste à une ou deux minutes près. Je suis un peu comme un singe savant qui n'aurait qu'un seul don, celui de toujours savoir très précisément où est l'instant présent. Comme dans un dessin animé, perchée sur la grande horloge du monde, j'avance sur l'aiguille des secondes.

En fait, rien n'est bien surprenant dans cette prouesse. Ce n'est qu'une habitude machinale, une façon d'être toujours en phase avec l'écoulement du temps. Il est probable que le laps de temps nécessaire à la formulation verbale de la question « quelle heure est-il? » soit suffisant pour que mon esprit récapitule la durée écoulée depuis la dernière fois où j'ai vérifié l'heure. Le cerveau sait compter très vite. Et je ne reste jamais longtemps sans m'informer auprès des pendules et des réveils dont je sais m'entourer.

Dans la même catégorie, celle des armes légères nées du surplus d'angoisse, j'ai un vrai sens de l'orientation. On pourrait dire que j'ai une boussole dans le ventre si je savais me servir d'une vraie boussole. Mais il n'en est rien. Ma boussole ne connaît qu'une seule direction, celle de mon point de départ. Comme le Petit Poucet sème des cailloux pour retrouver son chemin, mon esprit garde le cap initial et mes pas s'y dirigent invariablement. Sans itinéraire balisé, je marche en cercle. Et retrouve toujours mon écurie. Même en forêt.

Il est clair que je ne suis ni une autiste géniale ni un singe savant mais une anxieuse qui a besoin de contrôler – à défaut de maîtriser – le flux du temps et celui des événements. Au cours de ma carrière, j'ai rencontré beaucoup d'adolescents à la vie familiale chaotique, qui avaient dû déménager souvent, n'avaient jamais pu faire confiance à personne, ne savaient pas grand-chose de leur père, qui craignaient la véhémence maternelle comme celle des intempéries, et considéraient la malchance comme une prédestination. Beaucoup d'entre eux savaient toujours trouver la sortie, la porte qui leur permettrait de s'échapper. Et même ceux qui peinaient à déchiffrer le journal savaient le jour et l'heure avec précision.

Ceux qui n'avaient pas opté pour la débilité s'étaient bardés de défenses dignes des armées modernes. Il n'était pas question de laisser le flou spatial ou le vague temporel noyer ou brouiller leurs repères. Il leur était indispensable de savoir se localiser dans l'espace et dans le temps, de détecter le moindre mouvement de l'ennemi, fût-il invisible, furtif, parental, éducatif ou policier.

Sortir des cauchemars

Parmi toutes mes machines de guerre, ma capacité à sortir du sommeil pour échapper à certains cauchemars est la plus sophistiquée. S'il me fallait rechercher une illustration radicale de la puissance de l'esprit autant pour nous mettre en danger que pour nous protéger, ce serait cet exploit. Une de mes plus belles prouesses pour supporter la douleur d'être. Une des plus violentes.

Je me revois malmenée par un rêve atroce, le genre sanglant qui lacère et meurtrit, fait hurler, se débattre ou pleurer. Ce qui m'arrive est insupportable, ce que j'éprouve est trop dur, je veux partir. J'essaie de fuir le cauchemar, mais je n'y parviens pas. Il pénètre mon esprit, ne veut pas me lâcher. J'ai pourtant conscience de rêver, de dormir. Ce n'est pas la réalité, c'est un de mes cauchemars. Je peux donc faire cesser cette torture. Pour cela, je dois sortir de mon rêve, je dois sortir du sommeil. Alors que je suis encore au cœur de ma nuit, assiégée par les goules et les morts, mon esprit décide de m'en extirper et engage le processus de sauvetage. Comme par une sorte de dédoublement de ma conscience, je sais que je suis encore endormie et qu'il me faut parvenir à me réveiller. Mais le sommeil résiste, le cauchemar s'accroche. La nuit se fait plus poisseuse. La part vigile de ma volonté doit donc se mobiliser et entreprendre coûte que coûte de m'extraire de la léthargie et de l'horreur. C'est comme si je devais décoller de mes entrailles les mille vrilles qui se sont incrustées dans mes viscères, qui se sont faufilées jusque dans mes os. Les mots me manquent pour dire à quel point c'est difficile et douloureux. Il me faut détacher une à une toutes les fibres qui me ficèlent au monde de la nuit et me maintiennent ligotée dans la torpeur et la passivité. C'est un arrachement atroce. L'effort nécessaire pour m'extirper des enfers dénude tous mes nerfs. Lorsque j'y parviens, je suis anéantie, comme déchirée, lacérée. Mais éveillée. Je reste pantelante sur mon lit.

Lambeaux par lambeaux, les souvenirs abominables s'estompent, on dirait qu'ils me quittent à regret. Mais je suis sauve, le cauchemar est parti. Mes yeux pleurent encore, mon cœur cogne, je suis essoufflée, j'ai mal partout. Je sais que je ne vais pas me rendormir. Je suis bien aise d'être insomniaque.

Aujourd'hui devenue plus sereine, je n'ai plus l'occasion d'expérimenter ce que l'effroi quotidien m'avait fait découvrir. Mes cauchemars sont plus rares et, lorsqu'ils surviennent, ils restent enclos dans mon sommeil ou bien me réveillent sans qu'il me soit besoin d'armer ma vigilance jusqu'au cœur de mes rêves. Car j'ai appris à vivre avec eux. J'ai depuis longtemps compris qu'ils étaient fabriqués de la même chair et de la même histoire que moi. Ils ne sont que l'incarnation nocturne et onirique de ce qui m'obsède et me constitue, l'angoisse immense qui n'a jamais cessé de me menacer et avec laquelle j'ai dû tant bien que mal apprendre à vivre.

Hautes luttes contre l'angoisse

Vigilance exigée

Insomnies, cauchemars, paniques, malgré l'excellence de mes petites machines de guerre, j'ai longtemps vécu taraudée par l'angoisse, comme le sont si souvent les enfants peu protégés par l'amour parental. Dans leur vie quotidienne, comme dans leurs rêves nocturnes, grouillent des monstres, des morts, des orages et des serpents. Au cœur de mon bric-à-brac personnel, la palme revenait sans conteste à l'exécration absolue, la migraine. Tous les migraineux en témoignent, cette malédiction terrasse toutes les autres, car aucune stratégie défensive ou préventive ne permet de l'éviter, de s'en protéger ni de s'en extraire.

Lorsque la migraine s'installe, l'œil ne voit plus, l'oreille n'entend plus, l'esprit ne pense plus. Ne restent que douleur, nausée, déchirement de l'espace et du temps. Le corps est entièrement réduit à la lame de fond qui perfore le crâne. Inutile d'espérer rêver ou fuir, les accès de migraine mettent en panne tout système de protection, laissant amorphes et comateux ceux qui sont soumis à la nécessité intime de rester éveillés et attentifs.

Maternelle migraine

Chez moi, la migraine était maternelle. Menaçante, virulente, paradoxale comme l'était ma mère. Or les crises qui me forçaient à fermer les yeux, à rechercher l'obscurité, à fuir bruits et lumières, avaient le pouvoir de tenir ma mère à distance. Sujette elle aussi à de violents accès qui la rendaient folle, elle savait reconnaître les symptômes avant moi et me laissait m'isoler sans venir me harceler. Hélas, je ne pouvais savourer ces moments de paix, tant ils étaient atroces, tant la douleur qui me taraudait me vidait de moi-même.

Étaient balayés tous mes efforts pour quadriller l'enfer et tenir les démons sous mon contrôle. Me dépossédant de toute volonté, la migraine parvenait à me livrer au chaos d'un monde sans forme ni limites où tout pouvait surgir, où tout surgissait. La douleur qui perçait mon œil et vrillait mon crâne faisait entrer le flou dans mon cerveau et dans tous les pores de mon corps. Plus rien de vivant ne pouvait survivre, ni mouvement, ni lumière, ni pensée, ni rêve. Je restais seule avec la peur, avec la mort, avec les morts. Ma mère pouvait faire semblant de rester éloignée de moi et de respecter mon besoin de m'isoler au frais et à l'ombre dans un recoin de la maison, je savais bien qu'elle était parvenue à s'insinuer au plus profond de mon être.

Car toutes deux, la migraine et ma mère, avaient le pouvoir de me perforer la tête pour y débusquer mes pensées les plus secrètes, mes défenses les plus élaborées, et de les pulvériser. Elles avaient le don de me vider de moi-même et d'anéantir toutes mes lignes de défense. Toutes deux savaient faire reculer la vie en installant en moi une mort intime, éclatante et tonitruante, radicale.

Je sortais de ces crises nauséeuse et abattue, anéantie, comme vaincue par un mal intime, un échec, un abandon, une débâcle. Je n'avais plus d'intérieur, ni pensée secrète ni rêve complice. Je n'étais plus rien qu'un corps désarticulé, fatigué, sans force, sans vie personnelle, sans vie du tout.

Pernicieuses surprises

Un jour que j'évoquais avec un ami, grand migraineux, la kyrielle de malaises, de déroutes et de stratégies défensives de mon enfance, il insista sur l'idée de vigilance. Son histoire d'enfant – dont je ne connaissais rien et qu'il ne me conta pas – le rendait réceptif à l'idée de devoir rester vigilant et prudent, sur ses gardes. Comme moi, il parlait de la vigilance comme d'une obligation, d'un système de protection et de détection indispensable à la survie. Et, comme moi, il voyait dans la migraine une défaite. Une déroute personnelle, intime. La totale mise en panne, hors circuit, de toutes les stratégies défensives et préventives.

Lui comme moi, nous sommes des as de l'anticipation. Nos antennes constamment en éveil, nous expédions loin devant nous les émissaires mentaux chargés de détecter le moindre mouvement. Il nous faut prévoir. Devancer. Imaginer l'éventuel pour parer le pire. Sans ce système d'alarme intime, nous ne pourrions prendre le risque de vivre. Le risque d'être pris au dépourvu, de se retrouver sans armes, sans protection, à la merci de l'attaquant principal qui nous harcèle, l'angoisse.

C'est dire que nous détestons les surprises. Nous sommes d'ailleurs nombreux à ne pas les apprécier. Chez moi, même les plus joyeuses, généreuses, festives, bien intentionnées, tombent à plat, ou pire, m'agressent. Il est impossible de me faire plaisir en invitant des amis à mon insu, ou de m'offrir un cadeau sans m'en informer préalablement. Je ne saurais pas en profiter. Être prise au dépourvu ne peut pas me réjouir. Cela ne peut que m'inquiéter.

Il en est ainsi de contrats déments que l'on doit passer avec l'angoisse. Pour la tenir à distance, il faut toujours rester aux aguets. L'obligation de vigilance interdit de se laisser aller, de lâcher prise, de perdre la direction des événements. Celui qui y est contraint doit donc s'efforcer de tout prévoir, ne jamais être pris au dépourvu, ne jamais être surpris. Pour des gens comme nous, tout ce qui ne peut être envisagé et imaginé peut s'apparenter à une embuscade. Le surgissement de l'imprévu constitue une véritable attaque sournoise, par derrière, en traître. Un risque de *black-out*, de mort psychique.

Sous le règne de l'angoisse

Assidue, collante, cette angoisse accompagne les transformations, les changements d'état, les seuils et les deuils. Angoisse de l'incertitude, du doute, de l'ambiguïté. Il s'agit du trouble qui peut survenir lorsqu'on se trouve confronté sans protection psychique suffisante aux variations ou aux ruptures dans la continuité d'existence. Un combat qui, chez moi, devenait insoutenable lorsque le jour et la nuit s'estompaient, que l'endormissement m'engourdissait, que le brouillard dissolvait mes repères. Autrement dit, chaque fois qu'il me fallait passer d'un état à un autre, chaque fois qu'il me fallait prendre le risque d'un changement et de me voir confrontée au surgissement de l'angoisse que j'avais jusqu'alors réussi à tenir à distance.

L'esprit peut se déconnecter pour éviter d'avoir à affronter ce qu'il ne peut combattre. Sidération, rupture du contact avec la réalité, cette angoisse rend fou. Comme l'esprit, le corps peut lui aussi se mettre en panne. Paralysie, inhibition, on connaît les effets de la peur chez les animaux. Lenteur, débilité, on les reconnaît également chez les enfants. Ceux qui ne peuvent poser le pied sur un sol ferme lorsqu'ils voient surgir la peur se bloquent. Ils n'avancent plus, restent pétrifiés. Ils ne grandissent pas, ne changent pas, ralentissent leurs idées autant que leur pouls. Celui qui a construit des rituels va y avoir recours pour se défendre contre la panique, celui qui n'a pas appris à se protéger va sombrer.

C'est pourquoi j'ai édifié les petites machines de guerre défensives qui permettent de se préparer à affronter ce qui peut survenir. La vigilance, l'anticipation, la préparation au pire furent mes armes secrètes pour tenter de tenir l'angoisse à distance et pour lutter contre le sentiment d'une menace imminente. Jamais en paix, mon esprit furetait sans relâche pour prévoir et prospecter la complexité des éventualités qui pouvaient venir me saisir. Je ne cessais de me projeter en avant, d'explorer l'avenir proche, d'imaginer le pire. Pour me préparer à l'accueillir, pour me défendre, pour que jamais rien ne me prenne au dépourvu. Il me fallait envisager toutes les alternatives possibles, prévoir les événements proches et leurs conséquences à plus long terme, organiser, imaginer, supposer, conjecturer.

J'aurais pu devenir de ces fâcheux qui ont tendance à vouloir tout organiser autour d'eux. On les voit gouverner et gendarmer les écervelés et tous ceux qui prétendent profiter de l'instant présent sans se projeter dans l'avenir. Grognons, austères, craintifs, prudents, pessimistes, nombreux sont les anxieux invivables qui assombrissent leur entourage des mille craintes qui les assaillent. Ne pas leur ressembler est une priorité pour tous ceux qui savent qu'on ne vainc pas ses monstres intimes en pourrissant la vie des autres.

Petites machines défensives

Le jour où je quittai les Mignon fut la dernière fois où je les vis. Ensuite, chaque fois qu'il était nécessaire qu'on s'occupe de moi – pour les hospitalisations de ma mère –, on m'envoyait chez mes grands-parents paternels. J'y passai de longues semaines, voire des mois entiers, toute une année scolaire même. Hiver comme été, jusqu'au collège, je vécus autant chez eux que chez mes parents. Je crois que je ne fis jamais deux rentrées dans la même école.

Ainsi, chaque période de bousculade familiale fut-elle suivie par un temps bien plus paisible. Ce fut pour moi une chance et une malchance. J'alternais les gros temps et les périodes paisibles. Au harcèlement intrusif et anxieux de ma mère succédait le quant à soi austère, presque bougon de ma grand-mère ; à l'indifférence oublieuse de mon père, la tendresse bourrue de mon grand-père. Aux nuits atroces vampirisées par les cauchemars, les rêves calmes sous un bon édredon dodu. Là fut ma chance.

L'instabilité de ce mode de vie accentua mes angoisses et me poussa à mettre au point nombre de processus défensifs. Pour ne pas sombrer dans le chaos, il me fallait tenter de raccorder des univers qui s'ignoraient. C'était d'autant plus ardu que les deux femmes qui régnaient sur ma vie se haïssaient et ne manquaient jamais une occasion de se critiquer. J'appris à louvoyer, à naviguer à vue. Et surtout à me taire. Le pire était toutefois l'absence de règles ou d'un calendrier qui aurait organisé mes séjours. À tout moment, on pouvait m'annoncer que je rentrais chez moi ou que je partais chez mes grands-parents. Ma valise n'était jamais loin.

Je fus rodée à l'incertitude. Rien n'était jamais acquis. Le moindre petit bonheur devait se saisir au vol, avant qu'il disparaisse. Chaque jour paisible pouvait accoucher du chaos. Il fallait toujours rester sur ses gardes. Voilà pour la malchance. Je devins une pro de la vigilance et de l'anticipation.

Enfermée en famille

Cette désarticulation de ma vie de famille bouscula ma scolarité et ne fut pas propice aux premiers apprentissages. Mais elle m'apprit bien plus sur l'existence que ne m'aurait permis de le faire une vie régulière et bien protégée. Je sus rêver avant de savoir lire et gribouiller des sorcières avant de savoir écrire. Pour le reste, je me débrouillai. J'adorais les rédactions, mon imagination y excellait et ne manquait jamais de surprendre malgré de grosses lacunes du côté de la syntaxe et de la grammaire. Quant aux dictées, j'y accumulais les fautes en tout genre. Un véritable exploit. Il en fut ainsi jusqu'à ce qu'un génie de l'informatique invente le traitement de texte et le dictionnaire intégré. J'avais déjà quarante ans. Aujourd'hui encore j'ai l'orthographe vagabonde.

Mon enfance se cassa l'année de mes douze ans. La puberté me contraignit à accepter de devenir une jeune fille et mes grands-parents vinrent s'installer près de chez nous. Je me retrouvai enfermée dans ma famille. Plus de trains, plus de valise, plus de séjours improvisés. Ma vie devint stable. Mortellement stable.

Cette année-là, à cause de la mauvaise santé de ma mère, mes parents durent abandonner tout projet d'épicerie. Mon père trouva un boulot de manutentionnaire et s'en trouva fort bien. Il échappait à sa femme dès le matin et rentrait suffisamment fatigué le soir pour mériter de boire son coup de rouge en paix. Ma mère entra dans sa grande dépression et coula doucement vers la catastrophe. Heureusement pour elle, j'étais là. Elle pouvait s'accrocher à moi. Malheureusement pour moi, je n'étais pas seule à ses côtés, monstres et sorcières s'accrochaient à elle.

Dans les replis du temps

Certes, ces années d'adolescence ne furent pas les plus propices à la rêverie créative. Prise au piège familial, je ne pouvais que mijoter dans ma haine et m'évader dans la lecture. Les livres remplacèrent mes jeux d'enfant sauvage et nourrirent mon imagination. Des mondes et des langages inconnus vinrent enrichir mes fantaisies personnelles, leurs décors autant que leurs intrigues. Tout cela me donnait des ailes pour espérer m'échapper un jour et des idées pour tenter de changer le monde.

Le temps d'une lecture, je vivais, je vibrais. Je m'épanouissais au pays de la création, de la liberté, de la révolte et de la résistance. Bien planquée dans le cagibi qui me servait de bureau, je prenais consistance. À l'abri des regards extérieurs – surtout maternel –, du conformisme – surtout familial – et de la morale – surtout sociale –, je tâtonnais et cherchais mon âme. Ainsi, j'appris l'honneur, l'éthique, le courage, le sacrifice. Je me préparai pour le grand amour, la passion. À la fin de mes études secondaires, j'étais prête à vivre de grandes choses et à faire de grosses bêtises. Ce que je fis.

Les séquences de liberté créative vont cohabiter pendant des années avec les périodes d'épouvante, de folie, de démesure, ponctuées de quelques crises de désespoir et de longues plages informes de malaise existentiel et dépressif. Ce chaos durera jusqu'à ce que je réussisse à harmoniser mon univers personnel et à profiter des espaces infinis de durée intime qui se dissimulent dans les replis du temps, dans la pensée, l'imagination, la créativité. À élaborer un art de vivre scandé par le rythme des événements, des peurs, des consolations et des apaisements. Je n'étais pas au bout de mes peines, la route devant moi était infinie, mais j'avais pris le bon chemin. Une voie que je poursuis encore aujourd'hui.

De petites frappes (3) – Chahut, crises et violences

Jeudi après-midi, tempête d'automne, la plaine gémit, le château tremble. Mes Écureuils et moi sommes réunis – je devrais dire enfermés – dans une salle de classe avec de la colle, de vieux journaux et du carton. Je suis censée les faire participer à un atelier bricolage.

Autour de moi volent les crayons, le papier et les tubes de colle. Je comprends pourquoi les ciseaux sont interdits. Sur la table, deux gamins font la danse du ventre. D'autres se courent après, se battent ou hurlent des injures à mon encontre. Dans un coin se terrent les trois plus timides, craignant comme toujours que l'un des plus délurés ne vienne s'en prendre à eux.

Dans la pièce voisine, un éducateur fait faire de la gymnastique en salle à son groupe. Je sais qu'il entend tout et qu'il ne se déplacera pas pour m'aider. D'ailleurs aucune aide n'est possible. S'il intervenait, le silence se ferait, les gamins se mettraient au garde à vous et recommenceraient leur chahut dès qu'il aurait tourné les talons. Sa proximité explique toutefois qu'aucun d'entre eux n'ait quitté la salle. Chacun sait parfaitement que, s'il franchissait la porte, il serait attrapé et contraint à faire des pompes.

Je vais rejoindre les petits recroquevillés dans leur coin et m'assieds à leur côté. Retenant mes larmes, je leur parle tout bas. Les autres chantent et crient encore plus fort. Le pandémonium durera jusqu'à ce que sonne la cloche du goûter. Les gamins se ruent alors hors de la pièce et se précipitent vers le réfectoire d'où je dois aller les rechercher, un par un, pour les réunir, en tas, dans le hall où se tient le rituel du rassemblement. Là, sous l'œil sévère – et à vrai dire narquois – des éducateurs, mes Écureuils essoufflés et ravis baissent la tête et ricanent en silence. Comme d'habitude, mon groupe est le seul à ne pas être aligné, il ressemble à un amas informe, les petits sont en larmes ; les grands, très excités ; personne ne tient en place.

Je n'ai jamais su donner une gifle sans me faire mal à la main. Les garçons de mon groupe ne m'obéis-

sent pas. Ils ne me craignent pas. Ils se moquent de moi. Je ne sais pas obtenir d'eux un rassemblement silencieux, ni qu'ils nettoient leur dortoir ou les salles de douche, ni qu'ils respectent l'extinction des feux ou toute autre consigne que je leur transmets. Au réfectoire volent boulettes de pain et assiettées de purée. Au milieu des cris, des jurons et des injures, je m'époumone sans obtenir le moindre résultat. Lorsque je rentre dans ma chambre, après ces infernales journées de travail, je pleure.

Mes terribles Écureuils viennent des quartiers populaires de Paris – c'est Belleville à l'époque – et ont été placés par le tribunal pour enfants pour des raisons que j'ignore. Comme il m'est interdit de consulter leur dossier, je ne sais rien d'eux. M. aurait tué sa mère; A., incendié son école; B., braqué une banque. Je ne saurai jamais la part de vantardise et de réalité qui se cache derrière ces rumeurs. Même ce que l'avenir m'apprendra des jeunes délinquants ne me permettra pas de trancher. Tant d'enfants violentés par leur famille et par les institutions deviennent violents à leur tour!

La plupart se targuent de savoir voler des voitures, jouer du couteau, ouvrir des serrures, vivre dans la rue et se faire héberger par les prostituées. Ils respectent la force et les coups, ne s'expriment qu'en criant, mentent, jurent, crachent et ne cessent de se taper dessus. Ils ne m'écoutent pas, ne semblent même pas m'entendre. La plupart du temps, ils m'ignorent. Comme je n'ai pas accès à la richesse et à la spécificité de leur vocabulaire urbain, je suis loin de comprendre tout ce qu'ils disent. Ils me submergent, me paniquent, me terrorisent.

Ils incarnent pour moi la violence essentielle de la vie, celle qui vous malmène et vous déborde, vous roule et vous déforme. La manière forte qui consiste à les dominer, les maîtriser, ne me convainc ni ne me convient. Je suis trop proche d'eux pour vouloir saccager leur énergie même si j'en souffre, trop anéantie par mes impuissances pour relever le nez. Pas encore adulte, immature et craintive, je ne sais comment contrer leurs peurs et dominer les miennes. J'ai vingt ans, je me débats dans l'incertitude et l'angoisse, n'imaginant pas que viendront des temps plus doux, mais qu'il me faudra les inventer, les initier, les créer. Je ne sais pas encore que je parviendrai à métamorphoser la douleur d'être en art de vivre en paix avec soi-même et avec les autres. Et que ces petits monstres y seront pour quelque chose.

III

DOUCEUR D'ÊTRE

La tristesse sans peine

Euphorie négative

Ce matin, je m'éveille lentement. Ce n'est pas un jour spécial. Sur mon agenda ou dans mon esprit, rien de noté qui soit bien important, pas de projet si ce n'est d'écrire, pas de souci si ce n'est de vivre. Je ne reçois pas les enfants, je ne vais pas à Paris, ni télé ni radio en vue, aucun programme stimulant ou stressant. En faisant rapidement le point, je fais un constat évident, tout va bien. Je ne suis pas submergée par les mille préoccupations qui souvent accueillent mon réveil. La journée sera paisible. Mon manuscrit avance, à son rythme, plutôt hésitant en ce moment. Mais, là encore, aucune raison de m'inquiéter. Je suis habituée à la cadence propre à l'écriture, sa progression par saccades, ses temps de pause.

Pendant que je prépare café et tartines, tout en nourrissant les quatre chats qui réclament leur dû avec énergie, je me surprends à ressentir un petit bonheur intime plutôt furtif, tellement discret qu'il en est presque sourd. C'est comme si une enveloppe légèrement morose nimbait mes rituels du matin, me protégeant de plus sombres pensées tout autant que de plus vifs désirs. Un rideau léger et lumineux qui me fait penser à la brume des prairies au petit matin. C'est retenu, réservé mais riche. Un peu comme l'humus odorant qui couve sous les feuilles mortes et nourrit les calices jaune d'œuf des girolles. Si je voulais être littéraire, je pourrais parler de vague à l'âme, si je voulais être précise, d'euphorie négative.

Cela s'appelle la tristesse. Une émotion subtile qui tient à distance l'anxiété sans qu'il soit nécessaire de s'en préserver. Une très légère morosité, signe de paix intérieure, qui ne peut s'installer que lorsque s'atténue l'emprise de l'angoisse sans que soit nécessaire la maîtrise de ce qui en protège. La tristesse est chez moi un état intermédiaire reposant, à faible consommation énergétique, plus propice à la création que bien des élans enthousiastes de la pensée. Comme une musique paisible, cette tristesse me repose de la difficulté de vivre. C'est l'émotion qui parle le mieux de ma liberté intérieure.

Cette nonchalance de l'humeur n'a rien à voir avec la peine ou la mélancolie. Il ne s'agit pas de la grisaille qui plombe si souvent les matins dépressifs, du vertige de la nostalgie qui rend le passé plus réel que le présent. Cela ne mord pas comme la douleur lancinante du remords ni n'étouffe comme les bouffées de chagrin que causent les regrets. Il n'est pas question de l'ennui qui accompagne la monotonie des jours sans désir ni de la fatigue qui prolonge les malaises du cancer bien au-delà de son traitement. Ma tristesse est tendre et aimable, quiète, elle n'a rien à voir avec les amertumes qui peuvent assombrir bien des humeurs et des lassitudes matinales. Je suis triste comme on est en paix, loin de la violence des émotions, du martèlement de l'angoisse ou du harcèlement du désir.

Oser la tristesse

Reconnaissons que pour les grands angoissés que chacun s'accorde à toujours trouver affables, la tristesse n'est pas une émotion facile. Ni à ressentir, ni à discerner, ni à analyser. Je peux même dire que l'éprouver est une victoire. Une victoire sur l'angoisse et la rigidité des mécanismes de défense destinés à la juguler, sur la maîtrise et le besoin de contrôle et d'anticipation. C'est pour moi un acquis de la psychanalyse, un incontestable bénéfice de ma cure, le premier pas sur le long itinéraire qui m'a permis de me connaître et de m'accepter, voire de m'estimer, à défaut de parvenir vraiment à m'aimer.

La douce tristesse sans motif immédiat est pour moi le signe du repos intime, de la vacance de l'esprit, de la paix du cœur. C'est probablement l'un des chemins qui mènent sur la voie de la sagesse. Certes, la petite musique lente, personnelle et paisible qui m'envahit lorsque je n'ai pas à lutter n'a pas l'ampleur ni la profondeur de la vraie sérénité. J'en suis loin. J'en suis encore à fêter la domestication de mes angoisses et l'assouplissement des défenses qui m'en protégeaient.

S'autoriser à être triste, c'est abandonner la contrainte de la jovialité qui protège de la curiosité morbide comme de l'empathie bienveillante, ne plus craindre que surgisse du fin fond de son enfance la vague déferlante qui engloutit tout sur son passage, c'est pouvoir poser les armes anti-inquiétude, ne pas repousser l'émotion, ne pas écarter les affects pénibles sous prétexte qu'ils peuvent ouvrir la voie aux chagrins.

Réussir à se sentir triste, sans raison, c'est accepter le mal de vivre et l'incongruité de l'existence sans en faire une tragédie. Accueillir l'humeur du jour sans lutter pour la refouler, s'éveiller le matin sans avoir à combattre la nuit, laisser venir la fatigue d'exister sans regimber et sans forcer son rythme, sentir au plus profond la vérité de son être sans avoir besoin de la dissimuler sous un masque.

Accepter de vivre sans l'emprise du passé, sans la maîtrise du présent, sans la peur de l'avenir. Lâcher la vigilance anxieuse, n'en éprouver ni tension ni pression. Débrancher le fil qui relie à tout ce qui fait mal, les amours, les enfants, les désirs et les peurs. Et rester avec soi-même sans craindre d'être trop seule ou en trop mauvaise compagnie.

Défaut d'inadvertance

Une amie me disait un jour aimer se la couler douce. L'expression me fit sourire et m'enchanta. C'étaient les vacances, il faisait beau, nous étions dans le jardin, allongées à l'ombre du tilleul. J'approuvai. La saison s'y prêtait. L'air était fluide, le temps léger, les heures s'écoulaient librement. Mais elle précisa que ce n'était pas pour elle une métaphore des loisirs, mais bien un art de vivre. C'est ainsi qu'elle entendait considérer son existence, jouir du présent sans laisser les incertitudes l'assombrir.

Je connaissais son credo, sa belle langueur et son ardeur au plaisir m'amusaient. Il m'arrivait même d'envier sa capacité à se faire porter par les événements. De son côté, elle pointait ma vigilance, mon inaptitude à lâcher prise, mon souci de toujours me préoccuper, de toujours faire attention. La vigilance était ma nature ; l'inadvertance, la sienne.

Tout en convenant avec elle de mon manque d'un certain savoir-bien-vivre, je me surpris à penser à tous les petits chemins de traverse où je parvenais à m'aventurer sans protection armée, à mes jardins secrets, mes clairières enchantées. Loin de vouloir faire de la facilité une philosophie ni de l'inconséquence un art de vivre, j'avais mes itinéraires où voyager léger.

En fait, même si je n'étais pas douée pour l'insouciance, j'avais construit un art de vivre qui me convenait bien. Il m'avait fallu pour cela mettre à profit les dons que l'angoisse m'avait contrainte à développer, y compris la vigilance, mais surtout le rêve et l'imagination, la pensée vagabonde. Je savais leur trouver un autre usage que celui de me protéger du pire. Mais c'était mon secret. Je ne me voyais encore pas le partager. C'était toutefois incontestable, je connaissais la douceur d'être.

Devoir sourire

Qu'on ne m'imagine pas en fillette grognon, plaintive ou colérique. Non, pas plus que je ne suis une adulte triste ou acariâtre, je n'étais une enfant revêche. Bien au contraire, hier comme aujourd'hui, j'ai toujours été assez gaie. Souriante. Facile à vivre. Aimable.

Tout est dit. J'étais aimable. Je faisais tout pour l'être. En fait, j'ai compris très tôt que pour être aimée, il fallait être aimable. Ou le paraître. Qu'il était plus facile de vivre en étant gentille qu'en étant grognon. Et que le sourire était la meilleure des protections. Sourire aux autres. Présenter le masque lumineux de la joie de vivre. Faire face en se montrant affable. J'ai appris à sourire avant même de savoir me battre. Ou plutôt, le sourire a été mon arme secrète avant que je sache quels combats j'avais à mener, dans quelle folle guerre j'étais entraînée.

C'est le cas de bien d'autres enfants qui sentent très tôt combien il est nécessaire de faire bonne figure pour rassurer leur mère, éviter de lui causer du souci ou tenir à distance sa sollicitude. Ils devinent d'emblée le comportement qui attirera le moins l'attention sur eux, autant pour épargner les autres que pour se protéger eux-mêmes. Ils savent d'emblée que l'enfant aimable sera aimé. Qu'il sera moins puni que l'enfant triste et moins consolé également, qu'il aura moins d'ennuis, qu'on ne lui cherchera pas noise, ne se souciera pas de ses affaires.

Se croyant ainsi protégés d'une partie des ingérences maternelles – trop-plein de sympathie et de curiosité –, ces gamins-là peuvent vaquer à leurs propres affaires sans trop d'intrusion. En partie épargnés de la charge folle de devoir protéger, porter ou réparer les débordements d'angoisse ou d'affectivité de leur entourage, ils peuvent utiliser leur énergie à combattre les armées de démons qui sommeillent dans l'ombre.

La prescience des enfants

L'enfant apprend assez vite à détecter les capacités d'empathie de ses parents et à prévoir leurs modes de réactions. Ainsi en arrive-t-il à les connaître suffisamment pour savoir quelle corde faire jouer afin d'obtenir d'eux la meilleure réponse possible à ses demandes, à ses désirs ou à ses besoins. Bien avant de parler, les petits explorent la force des larmes, celle des cris, des sourires et des babils. Il ne faut pas longtemps à quelques-uns pour percevoir qu'il est déconseillé de trop se plaindre, tout gémissement risquant d'être perçu comme une agression, un outrage, une menace ou une provocation. Ainsi ceux-ci éviteront-ils tout ce qui s'apparente à des jérémiades, ou des pleurnicheries. D'autres devinent qu'il en faut beaucoup pour alarmer les adultes et que, sans fièvre, rougeurs ou convulsions, ils n'obtiendront qu'indifférence. D'autres encore comprennent que leur fragilité et les variations de leur santé sont leurs principaux atouts et qu'ils peuvent puiser infiniment dans l'anxiété de ceux qui ont besoin de les savoir malades pour pouvoir les aimer.

Autrement dit, tout n'est pas pastel dans l'univers de la layette. L'amour parental n'est idéalisé que par ceux qui ont tout oublié – refoulé ou dénié – de leur vie intime passée. Il n'est pas impossible que l'amnésie infantile ait d'ailleurs cette fonction, permettre de construire le tendre roman de l'affection familiale pour pouvoir risquer un jour de devenir parent sans reculer d'effroi devant l'ampleur et la difficulté de la tâche. Une telle prouesse ne serait pas possible si l'on faisait le compte détaillé des drames, vertiges et cauchemars des toutes premières années et de la violence des angoisses primitives mises au jour par les psychanalystes[1].

Lorsqu'un enfant pleure ou somatise, il en appelle à la tendresse parentale, aux bons soins et à la consolation, sentant confusément que ses chagrins ou ses maux font écho chez les adultes qui s'occupent de lui. Les parents sont émus par les larmes du petit et ressentent en eux-mêmes la peine qui leur fait trouver les mots et les gestes du réconfort. Ils déchiffrent sa plainte selon leurs connaissances médicales autant

---

1. Comment ne pas citer Melanie Klein et son analyse des angoisses infantiles? Melanie Klein, *Le Moi et le bon objet* (1932-1960), Dunod, 1985.

que leur mémoire somatique infantile et en déduisent ainsi sa douleur, son mal-être et peuvent chercher à y remédier.

Ces échanges intuitifs, projectifs et imaginaires tissent le lien parental et construisent la relation que chacun va établir autant avec l'affection qu'avec les soins, le bien-être et la santé. L'enfant fait avec les parents qu'il a. L'adulte apprend à devenir parent en mobilisant sa capacité d'empathie pour l'enfant qu'il a été et sa capacité d'identification aux parents qu'il a eus. C'est dire que les pleurs, les caprices, comme la fièvre ou la toux, ne déclencheront pas les mêmes réactions chez tous les parents. Et celui qui en est le plus vite averti, c'est l'enfant lui-même.

Masques et usage de masques

Certains enfants choisissent d'éviter d'attirer l'attention sur eux. Ils s'entourent d'un halo de conformité qui rend toute ingérence parentale inopérante. On les croit lisses et bien adaptés, ils ne sont que bien protégés – du moins le croient-ils. Certains fuient toute forme d'épanchement ou de soins intensifs ou intrusifs, tout ce qui pourrait déclencher la sollicitude – surtout maternelle – et ses incontrôlables conséquences. Ils optent pour la bonne santé et la bonne humeur, deux atouts qui les garantissent contre l'intrusion et qui leur donne le loisir de vivre leur vie sans déranger personne.

J'ai très vite fait partie de ces cohortes d'enfants souriants qui tiennent à montrer qu'ils n'avaient aucun besoin que l'on s'alarme pour eux. De ces garnements qui savent éviter de se faire gronder et aussi de se faire consoler, qui apprennent à se débrouiller seuls plutôt que de prendre le risque de demander de l'aide. Des enfants qui passent inaperçus à l'école car ils apprennent bien et ne se plaignent jamais de rien. Des gosses qui s'élèvent tout seuls, à qui l'on ne peut reprocher que l'ingratitude. Et qui mettent de longues années de leur vie adulte à défaire les forteresses mises en place pendant leur enfance.

Bien à l'abri derrière ma carapace, j'aurais pu sombrer dans la débilité, comme beaucoup de ceux qui se protègent de la peur en refusant d'apprendre, de savoir ou de comprendre. J'aurais pu trouver du confort dans la maladie et rejoindre le camp de ceux qui somatisent pour qu'on s'intéresse à eux et qu'on les soigne. J'aurais pu lutter contre l'abandon en gesticulant pour qu'on s'occupe de moi et devenir agressive et caractérielle comme les jeunes dont je deviendrai plus tard l'éducatrice.

J'optai pour le rêve, l'imagination, les voyages solitaires dans des mondes personnels. J'explorai l'art de se faufiler dans les replis du temps pour jouer seule avec le vent et celui de me raconter des histoires pour tenir les ombres à distance. Autant d'exercices mentaux imaginaires et créatifs qui me furent précieux toute ma vie et que je finis par ciseler comme on le fait d'une œuvre d'art. Et qu'après avoir longtemps tenus secrets j'ai eu envie de partager.

Le garçon sauvage (2)

La pluie qui nous poursuit depuis le matin a anéanti tout projet de jeux de piste et de pique-nique. Les gamins sont trempés, crottés et très excités. Dans l'immense réfectoire, nous tentons de les occuper avec des jeux tranquilles en attendant le repas, mais leur âge a besoin de mouvement, ils sont énervés et deviennent agressifs. On fait donc appel à mes talents de conteuse. J'adore raconter des histoires que les gosses réclament et que les animateurs ne détestent pas venir écouter.

J'improvise. Je brode au fur et à mesure. Les aventures qui me viennent sont riches en énigmes, cavalcades, suspense et monstres fabuleux. Mes héros se perdent dans de noirs souterrains et des forêts profondes, ils côtoient des elfes et des lutins, mangent des épices empoisonnées et sirotent des potions qui les rendent invisibles. Ils sont armés de poudre magique et pactisent avec des créatures infernales qu'ils démantèlent ou apprivoisent.

Je serais bien incapable de recommencer le même récit, car la trame de mes histoires se construit pas à pas, au gré de mon imagination et des regards confiants qui sont tournés vers moi. J'invente. Je crée. Avec les gamins, je souffle, je crie, je tremble. Avec eux, j'ai peur, je ris, je vibre. Et l'histoire naît sous mes paroles sans même que j'en maîtrise grand-chose. Improvisation totale. Une fois campés, mes héros vivent leur vie, je me contente d'en être le témoin, et d'en faire le récit. Il m'arrive même d'être déconcertée par leur comportement, je ne sais pas toujours où l'histoire va me mener, comment elle va se poursuivre ou se terminer.

Des années d'angoisse solitaire m'ont donné la clé d'un monde extraordinaire que j'ai pris l'habitude de souvent fréquenter. Je sais comment prendre le large sans bouger de mon lit, découvrir le monde en restant sur place et voyager au soleil les jours de tempête. J'invite les gosses que la pluie rend maussades. Ils boivent mes paroles, ils sont comme au cinéma. Dans leur cinéma personnel qu'anime mon récit.

Près de la porte, Rico est immobile. Les yeux totalement arrondis, il écoute. Il frémit au moindre coup d'épée, sursaute quand les dragons s'envolent ou que les arbres s'avancent. Il est dans l'histoire, comme les autres gosses. Il a enfourché le cheval qui vole dans les nuages et joue avec les étoiles de feu. Comme les autres, il vit la grande aventure de l'imagination. Il voyage avec nous. Il fait partie du groupe.

À partir de là, il sera des nôtres chaque fois que nous nous déguiserons, inventerons des histoires, les mettrons en scène. Je le verrai jouer seul avec une épée magique, se cacher dans les buissons et courir vers les autres. Sans pour autant devenir très causant, il ne sera plus abandonné.

Sans que je sois alors capable de le théoriser et de l'expliquer, la transformation de Rico m'apprend beaucoup sur la solitude vide et le pouvoir qu'ont les histoires de l'habiter, de l'enchanter. L'alchimie qui transforme un enfant isolé en petit garçon comme les autres dès lors qu'il partage avec eux rêves et jeux est celle-là même qui habite les replis du temps lorsque nous rêvons en liberté. Ce sera la base de mon obstination à transformer la douleur d'être en douceur d'exister.

Trouver son art de vivre

Dormir avec le chien

Je suis calée bien au chaud dans le panier du chien, dans l'espace vide qui sépare l'arrière de la vieille cuisinière à bois et le fond de l'âtre. Riquette se colle à moi en grognant doucement. J'entends vaguement parler au loin, la maison bruit doucement. Les Mignon vaquent à l'ordinaire de leurs occupations.

Sans savoir que la Marne a regagné son lit et que mes parents sont partis en me laissant sur place, je sors à peine de la fièvre et découvre un décor inconnu, des gens inconnus, tout un monde étrange où je reste sans nouvelles des miens pendant plus d'un an. Personne n'a le téléphone, mes parents ne trouvent pas le temps d'écrire. Cela ressemble fort à un abandon, or c'est un séjour paisible. Plutôt heureux. Personne ne se soucie vraiment de mes états d'âme. J'ai cinq ans, puis six ans. On me gave de bonnes choses, du pain trempé dans du lait, des soupes épaisses, des tartes aux pommes et on me laisse tranquille. Même quand il me prend d'aller dormir dans le panier du chien.

La vie paisible des morts

Jusqu'alors considérée comme une gamine remuante, turbulente et casse-cou, je me métamorphose en enfant sage, plutôt renfermée, tranquille et docile qui s'invente de drôles de jeux, mais ne demande jamais qu'on s'occupe d'elle. Personne ne m'empêche d'aller faire la sieste avec Riquette, on refuse simplement que j'aille y passer la nuit. Personne ne s'inquiète de me voir poser un châle sur son dos avant de la suivre la tête penchée et les mains jointes. « Je joue à l'enterrement » est une explication suffisante.

Personne ne s'en offusque, le sujet n'est pas tabou. On vit avec la mort et avec les morts. Les vivants fréquentent les cimetières et honorent leurs défunts avec régularité. Les morts fréquentent les maisons et font parfois voleter les rideaux en dehors de tout courant d'air. La plupart du temps, ceux d'aujourd'hui et ceux d'hier font bon ménage. Sauf les pendues, qui sont des mortes acariâtres difficiles à contenter. On les fleurit au cimetière pour tenter de les apaiser un peu, mais on s'en méfie.

Dans cette maison paisible où les défunts ne cherchent noise à personne, nul ne trouve absurde qu'une fillette de cinq ou six ans mime un événement dont tous sont familiers et qui vient de frapper sa famille, violemment, à deux reprises, avant que la fièvre la prenne. Le décès de mes grands-parents maternels étant survenu après ma naissance, j'en étais très imprégnée.

Connaissant le contexte de violence qui a accompagné mes premiers pas, les psychologues d'aujourd'hui ne seraient pas surpris non plus par ces jeux monotones et ritualisés. Ils y verraient la régression qui suit le deuil chez l'enfant et préconiseraient certainement une petite prise en charge, voire un petit traitement pour accompagner le mouvement. Il n'en fut bien sûr pas question. Dans les campagnes alors, les critères de bonne santé psychique n'étaient pas très exigeants. Puisque je mangeais bien et que je dormais bien, le reste n'avait pas d'importance. On me laissait le temps de grandir.

Cette première expérience de séparation marqua mon esprit d'enfant et y incrusta un irréductible fond d'abandonnisme, source de bien de mes égarements futurs. Paradoxalement, j'y trouvai également la niche tendre de liberté et de solitude protégée qui me permit de développer un art de vivre qui ne soit pas guerrier.

Balade au cimetière

Un joli soleil pâle frôle la vitre. La ville est triste et semble fatiguée. J'ai quarante ans et je vis avec ma fille, à Paris, dans le 20e arrondissement, tout près du cimetière du Père-Lachaise. Les déambulations qui me faisaient courir les rues sont loin derrière moi. Ici, je me sens chez moi, dans cet appartement que j'ai choisi et qui me ressemble. J'aime le quartier, j'aime Paris.

Mais je n'aime pas trop ma vie. Ça piétine. Je manque d'air, d'idées, de désirs. Il faut dire à ma décharge que je suis l'heureuse mère d'une adolescente intelligente et mal dans sa peau dont j'assume seule l'éducation et avec qui je partage un quotidien parfois houleux. Grâce à mon métier – je suis formatrice et psychologue à la fac –, j'ai tous les éléments pour la comprendre. Je la comprends donc, mais j'ai du mal à la supporter. Résultat, au lieu de trouver la voie médiane qui rallierait compréhension et fermeté, j'alterne l'empathie psy, la volonté éducative et l'agacement maternel. Un dosage désastreux. Pour elle comme pour moi, ce n'est pas une période agréable.

Heureusement pour elle, ma fille a ses copines, ses copains. De mon côté, c'est plus vide. Calme plat. Peu d'hommes dans mon lit, pas d'amour dans ma vie. Rien qui vaille la peine de se réveiller enchantée. Pas trop d'anxiété non plus, rien que l'ordinaire de mes insomnies et quelques migraines résiduelles. En fait, si ma fille ne me tenait pas éveillée avec son mal de vivre, je m'ennuierais presque.

Je décide donc d'aller faire un tour dans le grand jardin le plus près de chez moi, dans les allées du Père-Lachaise. Pour lire les inscriptions sur les tombes, guetter les chats roux qui se prélassent au soleil, admirer la statuaire et laisser voguer mon esprit dans le dédale de mes soucis et de mes souvenirs. Quel que soit le temps, en privilégiant les jours de grand vent et de ciel noir, mais sans refuser les langueurs printanières ou estivales, j'aime aller faire un petit tour sur les pavés inégaux des belles allées paisibles. Aucun membre de ma famille ne s'y trouve inhumé, parents et grands-parents étant enterrés là où la vie les a laissés choir. De mon côté, je n'ai aucun projet précis dans ce domaine, mais j'aime le lieu pour sa beauté étrange et sa proximité. Je m'y sens chez moi, c'est un peu comme un cimetière personnel, genre nécropole à la fois universelle et intime. J'y vais donc pour penser un peu à ma vie et à mes morts.

N'est-ce pas la fonction première du cimetière, nous confirmer la permanence des défunts dans la mort? Il suffit de voir l'alignement des pierres tombales pour se rassurer. On sait où ils sont.

Les vivants et les ombres

Aux alentours de la Toussaint, le cimetière se fait jardin botanique, le lieu public se fait privé. Ici et là les tombes fleurissent, celles qu'on croyait oubliées reçoivent des visites. Une semaine auparavant, les fleurs commencent à arriver. En gerbes, en couronnes, en bouquets. Livrées dans de grandes enveloppes de cellophane ou déposées et arrosées par des mains attentionnées, ostentatoires, discrètes, harmonieuses, criardes, toutes les fleurs sont représentées. Certes, les chrysanthèmes dominent, ainsi que les bruyères, mais dans une telle variété de forme et de coloris que l'on se croirait dans une jardinerie. C'est beau. Couleurs vives et chaleureuses, flammes et ors, cuivres et émeraudes. De quoi régaler l'œil à défaut de l'odorat. Car, pour la plupart, ces fleurs de cimetière ne sentent rien.

Tout en laissant mon regard traîner sur les stèles grises et les pots chamarrés, aux aguets d'un matou ou d'un petit bouquet timide, je laisse bien sûr errer mon esprit. Il suffit qu'avancent mes jambes pour que mes pensées se mettent à glisser, c'est devenu machinal. La promenade solitaire, sans but, dans un lieu aussi clos qu'un cimetière et aussi familier pour moi que le Père-Lachaise, n'est qu'une longue déambulation rêveuse. Mon esprit s'engourdit, mes obsessions s'embrouillent et s'assourdissent, s'estompent et s'en vont. Je ne dirige rien, ni mes idées ni mes pas.

Mes pensées voguent comme le ferait un fragile esquif emporté par les flots d'une mer modérée. C'est chaotique, un peu raide au début, puis de plus en plus ample. Des images d'enterrement, de tombes et de cimetières se succèdent, la mort de ma mère s'associe vite à celle de la sienne dans la même débauche de honte et de culpabilité. Je médite un peu sur les suicides et les assassinats, je revois les derniers instants de mon père, l'agonie de mon grand-père. Je pense à ma grand-mère paternelle, que j'irai voir dimanche comme je le fais tous les dimanches. Elle vieillit. Je vieillis. Ma fille grandit. Le temps passe. Le temps de ma maturité est venu. Un temps qu'aucun de mes parents n'a connu.

Les ruelles du cimetière guident mes pas et me ramènent au bout d'un temps raisonnable devant la lourde porte Nord qui mène à ma rue. Je rentre fatiguée. Les jambes lourdes, les reins las. Je ne sais pas ce qui s'est passé dans ma tête, mais je me sens apaisée. Mon existence n'est pas plus remplie que tout à l'heure, je manque toujours autant d'amour, mais je me sens à ma place dans ma vie.

C'est la seconde fonction des cimetières, rappeler aux vivants leur devoir d'existence, leur devoir d'exister.

Les petits chemins de ville

Tous les cimetières n'ont pas l'apparence d'un grand jardin ombragé, rempli d'histoires et de chats errants. Toutes les flâneries n'ont pas pour décor les rives d'un lac romantique, les sous-bois odorants ou un sentier côtier. Le bitume et le macadam peuvent être propices aux mêmes rêveries fécondes.

Pendant mes longues années de vie citadine – parisienne, qui plus est –, c'est sur les trottoirs que j'ai usé mes guêtres pour tenter de dénouer mes soucis. En plein jour et sans compulsion ni culpabilité – la période trouble de mon entrée dans la vie adulte ayant fini par déboucher sur une forme d'équilibre –, j'ai sillonné les rues de Paris dans tous les sens. Franchissant la Seine, ignorant les monuments – que je redécouvre maintenant que je suis redevenue provinciale –, je préférais les rues calmes, les avenues ombragées et les quartiers paisibles. Mes promenades avaient souvent une fonction utilitaire, j'évitais de prendre le métro, mais elles me permettaient également de faire le point sur tout ce qui m'encombrait la tête.

Sans le savoir, je mettais déjà en pratique les petites machines à vivre qui allaient me sauver des prisons de l'angoisse. Grâce à ces balades urbaines, je parvenais à ne penser à rien lorsqu'il me fallait prendre une décision importante ou digérer un gros coup du sort. J'avais déjà compris qu'il ne me servait à rien de ruminer, et qu'il valait mieux s'en aller rêver les yeux ouverts. Car rien, jamais, n'est oublié, rien n'est jeté. Si mes archives personnelles, sans cesse revisitées, trouvaient sous mes semelles une vie nouvelle, c'est que je les tenais à jour. Je pouvais refermer les dossiers encombrants et partir traîner dans les rues, déplacer mes bibelots ou cirer mes meubles, le travail mental se faisait. Grâce à lui, je savais pouvoir trouver des solutions ou reporter la question à une balade ultérieure. Mon esprit savait faire le tri. J'avais appris à lui faire confiance.

De petites frappes (4) – Les histoires

À l'internat, pires que tous les jours sont les dimanches. Nous devons occuper les garçons en faisant du sport sur le terrain devant le château ou les emmener faire une promenade. Connais-

sant les habitudes de chapardage de nos jeunes délinquants et le caractère irascible des paysans du coin qui n'ont pas l'air d'apprécier qu'on étrangle leurs poules, les éducateurs optent généralement pour la partie de foot qui recueille d'ailleurs tous les suffrages. Tous, sauf le mien, moi qui ne sais pas jouer au ballon et qui préfère ne pas exposer à tous mes incompétences. D'ailleurs mes Écureuils sont trop indisciplinés pour être de bons joueurs, personne ne veut d'eux lorsqu'il s'agit de former les équipes.

Nous partons donc sur les routes et les chemins de campagne. À peine avons-nous tourné le coin du mur qui entoure la propriété que la plupart de mes gamins disparaissent. Je reste avec les plus jeunes, appelés les débiles ou les baveux par les autres, et qui ne me quittent jamais. Ce sont des gamins tellement malmenés par la vie qu'ils ont déjà des allures de vieillards. V. est chétif et voûté, il crève de peur et me prend par la main même pour descendre les escaliers. On dit qu'il a vécu dans une cave. Les autres lui cognent dessus à chaque instant, sans aucune raison. C. a le visage large et les yeux cernés, il semble absent, ne participe à rien et me regarde fixement sans jamais rien me dire. On dit qu'il était le « chéri » de son père. Quant à Z., on le croirait sourd tant il est isolé dans un monde inaccessible aux autres.

Comme il est inutile que je m'époumone à regrouper ceux qui ont filé, je m'assieds à l'abri d'un talus et commence à raconter une histoire à mes compagnons d'infortune. Je le fais d'une voix lasse tant est forte ma désolation. Je commence par : « Il était une fois », pour me mettre en route et projeter devant moi le monde imaginaire qui m'a permis de survire aux terreurs de mon enfance et qui allumait les yeux des garçons du centre aéré.

Le résultat est immédiat et magique. À peine avons-nous croisé un dragon et deux sorcières que nous sommes loin des champs mornes et des talus tristes. Mes petits compagnons semblent pétrifiés. Ils restent immobiles, attentifs et muets, bouche bée, m'attrapent la main et la serrent, sursautent et pâlissent. Même Z. semble entendre et comprendre ce que je dis. Un tel auditoire est encourageant, alors je me lance dans une de ces rocambolesques aventures dont j'ai le secret et dont j'avais oublié le pouvoir. J'en suis tellement émue que les larmes me viennent aux yeux. Et curieusement, aussitôt, je me sens mieux. L'histoire que j'invente me transporte dans un autre monde, enchanté, protégé, à la fois intime et partagé. Je suis comme les gosses qui m'écoutent en écarquillant les yeux, le tapis volant que je déroule pour eux me permet de m'évader tout en me réconfortant. Mon récit s'adapte aux clignements des yeux avides qui m'accrochent, aux sourires qui fusent comme des éclairs, au pétillement de visages dont je ne connaissais que les rides et la peur. Je suis au spectacle d'un bonheur fugace, presque furtif, comme volé. Transportés ensemble dans le monde des belles histoires, nous partageons de vraies pépites d'éternité.

Pourquoi n'y ai-je pas pensé plus tôt? Ces gamins que tout le monde rejette sont paumés, malheureux, tout comme l'était Rico qui m'a fait croire que j'étais douée pour m'occuper d'enfants. Tout comme moi, ils doivent inventer le monde pour pouvoir l'habiter. Les embarquer dans mes histoires, c'est partager leur peine. C'est entrouvrir pour eux la petite porte qui permet d'accéder au monde magique de la consolation. Un monde fabuleux, que j'ai exploré enfant, dont j'avais oublié le pouvoir, et qu'il ne m'était pas venu à l'idée de partager. Surtout avec des petites frappes, ces délinquants que j'ai pour mission de dresser et de discipliner.

Pour l'heure, je suis loin de mesurer l'impact de ce que je suis en train de découvrir. Je ne suis qu'une gosse de vingt ans, perdue avec trois, ou quatre, bientôt cinq mômes de douze ans, cachée avec eux dans le creux d'un talus alors que souffle sur nous l'inflexible vent de la Beauce et que s'approche l'heure de réunir les troupes et de rentrer au château pour le rassemblement.

Les temps féconds

Impossible solitude

Certaines périodes de notre vie sont lourdes et fertiles. Rencontres, travail, occupations familiales et sociales, la vie bat son plein. Du matin au soir, les heures s'enchaînent et s'entraînent. Pour certaines jeunes femmes c'est un vrai marathon qui commence dès la sonnerie du réveil ou les pleurs de bébé et ne s'achève que lorsque tout le monde est endormi. Je connais des mères de famille qui courent littéralement du matin au soir et ne se retrouvent seules que le temps de quelques pipis rapides.

Il n'est pas dans mon intention ici de déplorer la faible participation des hommes aux tâches domestiques et à l'éducation des enfants, pas plus que le faible effort de la société pour aménager des horaires féminins dans les entreprises. Je le fais ailleurs et souvent, et je crains de devoir le faire encore longtemps. Ce que je veux souligner, c'est combien ces jeunes femmes manquent de solitude.

Je fus l'une d'elles. Prise dans le tourbillon d'une vie qui exigeait de moi tous les jours un peu plus d'efforts, un peu plus d'énergie, j'y mettais toute mon ardeur. J'avais beaucoup à faire pour affronter le présent et en profiter, dépasser le passé et préparer l'avenir. Ma fille, mon travail, mes études, mes amies, mes amants, cela remplissait mes journées sans jamais permettre vacances ni loisirs. Pour tenir le coup, j'avais trouvé la technique qui me permettait de me reposer d'une occupation en passant à une autre. Jamais il ne me serait venu à l'idée de m'asseoir et de regarder le ciel, de caresser le chat en ne pensant à rien ou de me promener lentement pour me vider la tête. Je n'en avais pas le temps. Je n'en trouvais pas le temps.

En fait, je n'aurais jamais pris le risque de me poser et d'écouter – ou de faire taire – les projets, désirs et souvenirs qui m'habitaient. Je courais après le temps sans savoir qu'il me poursuivait, sans penser que ma course m'empêchait – ou me préservait – de jamais le trouver.

Je sais aujourd'hui que le temps est comme le bonheur, jamais bien loin, jamais dans le pré des voisins. Il était là, caché sous ma précipitation comme les girolles sous les feuilles mortes. Il aurait suffi que je ralentisse, que je me penche, que je bouscule un peu l'ordre des choses quotidiennes, pour que je découvre la corolle lumineuse qui me faisait un clin d'œil.

Un temps paradoxal

Je me souviens d'une époque où il suffisait que s'annonce le week-end pour que je sente monter en moi le désir et la crainte des heures à venir. Je rêvais de séances de cinéma et de longues promenades urbaines, mais si je n'avais pas un dossier pour m'occuper et plusieurs bouquins à découvrir, je savais que je crèverais de solitude et d'ennui.

Comme toujours, ma fille sortirait rejoindre ses *alter ego*. Enfant, elle allait partager la vie des familles de ses copines et je n'avais pas le cœur de la retenir. Au contraire, je me réjouissais de la voir trouver dans son entourage amical ce dont notre quotidien manquait. Une famille, une maisonnée, une fratrie, un père… Adolescente, elle me fuirait pour retrouver les fantômes de sa tribu et, si je ne m'en réjouissais pas toujours, je n'avais pas le pouvoir de la retenir. Ni le goût bien sûr. La solitude est affaire intime.

Impossible de la partager avec son enfant. Surtout la solitude affective, celle que l'on ne peut tromper qu'avec des amis ou des amants. Surtout celle que l'on subit après l'avoir voulue. La solitude intime à la fois nécessaire et superflue, jamais suffisante, toujours étouffante.

Il en est ainsi du temps personnel, dont on voudrait jouir, mais qui nous oppresse bien souvent avant qu'on ait pu le savourer. C'est un temps insaisissable, paradoxal. Il nous fuit ou nous submerge. Comme le sable sec, il file entre les doigts, comme le sable mouvant, il avale et asphyxie. Il peut servir à mesurer le rapport à soi-même, au compte-gouttes, car il ne s'apprécie souvent que restreint. Et encore est-il souvent plus délicieux lorsqu'on l'imagine que lorsqu'on en dispose. On peut s'en approcher, il nous fuit. Et, quand il s'installe, on le fuit.

Il peut sembler long, le chemin qui permet de découvrir la fécondité des temps vides. De loger son vide intime dans le temps qui passe, sans chercher à le remplir, de parvenir à y nicher sa peur et ses doutes, sans vouloir se fuir, et ainsi entrer en soi-même et écouter battre les heures vides comme on entend battre son cœur.

L'art d'être femme

À force d'entendre des femmes me parler de cette désarticulation du temps, j'en suis venue à penser qu'il s'agissait d'un trait de genre lié à la culture familiale autant qu'aux rythmes biologiques et aux contraintes sociales de la féminité. La surcharge et le vide se succèdent et trouvent rarement leur point d'harmonie.

Le progrès de l'électroménager promettait aux mères de famille de leur faire gagner du temps. Promu art, le ménager devait changer leur vie. Il n'en fut rien. Certes, les journées d'une jeune femme contemporaine ne ressemblent en rien à celles de sa grand-mère, mais le temps épargné sur le ménage fut vite investi dans le voiturage des enfants ou dans d'autres activités éducatives, ménagères, professionnelles ou familiales, voire dans la quête inassouvie de l'éternelle jeunesse. Résultat, les jeunes femmes n'ont jamais de temps libre, encore moins de temps vide. Si elles en avaient, elles le rempliraient. Car le temps vacant est une denrée convoitée dans une société qui tire profit de tout. Chacune se voit invitée à le consacrer à son corps, à ses loisirs. Jogging, régimes, massages, shopping. Sports, vacances, voyages. Autrement dit, réussir à toujours remplir son temps libre, l'optimiser. Et plutôt fuir la solitude que la rechercher.

Par un effet singulier des jeux de temporalité, le temps qui fait défaut aux femmes jeunes submerge ou menace les plus âgées. Comme si, sans alternative possible, à la plénitude des années actives succédait le vide de la solitude. Le temps – ou son bon usage – serait-il hormonalement dépendant ? Comme la séduction, l'existence sociale, la vie de famille, les relations amicales, l'activité professionnelle ? Les équivalences magiques de notre société associent l'agenda bien rempli avec la peau bien tendue, le dynamisme, le mouvement, avec la pléthore, la rentabilité. Comme si, faute de pouvoir contrôler la durée de la vie, on voulait maîtriser son écoulement. Arrêter le temps. Figer l'instant. Y croire ou faire semblant d'y croire.

Prendre le temps de vieillir

Avoir du temps à ne savoir qu'en faire semble en effet devenu un signe d'inutilité sociale et personnelle. Ainsi voit-on de nombreuses retraitées courir pour les loisirs comme elles couraient jadis pour le travail ou les enfants. Se sentir occupées leur donnant le sentiment d'être utiles, elles s'activent pour ne pas se sentir vieilles, pour que l'heure de la retraite ne soit pas celle de la mise au rebut.

Car l'âge ne donne pas toujours le temps fécond de la sagesse. Le refus de vieillir est une maladie contemporaine qui ne s'améliore pas avec les années. Accepter le temps qui passe, c'est s'accepter vieillissant et accepter la mort. La mort à venir certes, mais aussi la mort en soi. La mort vécue au travers des deuils et la mort ressentie dans son corps, dans l'usure des chairs et la flétrissure des traits. Or il semble bien difficile d'être lucide, d'accepter de ne plus être ce que l'on a été et de faire la paix avec ce que l'on devient.

Comme si la vieillesse – qui est souvent un effritement physique – devenait, bien avant que des signes de dégénérescences mentales se manifestent, un effondrement psychique. Difficile alors de prendre le temps dans le bon sens, de consentir à l'inéluctable en s'attachant à le rendre le plus agréable ou le plus riche possible. Bien avant de mourir, il nous faut vieillir et, tout en acceptant de mourir, apprendre à bien vieillir. À bien vivre vieux. Vivre avec son âge autant qu'avec son temps. Vieillir avec son passé, son histoire. Avec les marques de ses échecs autant que de ses victoires, celles de ses regrets, de ses dérobades et de ses remords, sans savoir toujours lesquelles sont les plus douloureuses.

Prendre le temps de vieillir, apprendre à bien vivre vieux. Cela peut sembler un projet absurde à qui est pris dans la course à l'efficacité et au paraître et à tous ceux qui veulent se persuader que vieillir bien, c'est vieillir jeune. Or c'est une des voies royales pour rendre fécond le temps qui passe et le savourer avant qu'il disparaisse. Car il ne s'agit ni plus ni moins que de prendre le temps de vivre.

Le plaisir de s'endormir

Aujourd'hui, je peux le proclamer, parmi les bons moments de mes journées figurent les siestes. Chaque fois que mes activités me le permettent, je m'isole et je ferme les yeux. Vingt minutes après exactement, j'émerge, dispose, alerte. Vingt minutes. Parfois quarante lorsque je suis très fatiguée. Mais, en général, je n'ai pas besoin d'être fatiguée pour savourer ce moment de pur délice.

Le meilleur, c'est l'endormissement. Dès que j'ai posé la tête sur l'oreiller ou le coussin de mon choix, je sens au fond de mes yeux comme une lourdeur. Un poids confortable, moelleux, comme une petite tendresse intime. Si je ne lutte pas contre cet engourdissement, tout mon corps va suivre. Il va s'alourdir, devenir cotonneux et se laisser aller aux prémices du sommeil. Je me sens glisser dans la douceur et l'immobilité tout en percevant encore les bruits de la maison ou de la rue. Comme ligotée, je ne peux ni bouger un bras ni ouvrir un œil. Mes pensées ralentissent, deviennent confuses. Il m'arrive de rêver, mais je ne saurai rien de mon rêve lorsque j'émergerai.

Séquelle sans doute de ma vigilance passée, la durée de mes siestes est invariable. Je m'éveille d'un seul coup. Immédiatement prête à agir, à penser. À manger hélas souvent. Car je sors du sommeil affamée et gelée. Mais c'est la vie. On ne peut tout avoir. Et le sommeil est pour moi un tel cadeau que je ne me plains pas qu'il ne me nourrisse ni ne me réchauffe. Le plaisir qu'il me procure est sans égal.

Le bon goût du sommeil

On peut s'étonner que je sois ravie d'une chose aussi simple et ordinaire que le processus du sommeil qui agit chez tout le monde, tous les soirs, toute la vie. Les insomniaques et tous les mauvais dormeurs comprendront. Quand on a mis des années à sentir la résistance qui barre la route à l'endormissement, à se heurter à l'invisible muraille qui jamais ne cède, il est surprenant de sentir avec quelle facilité peut se faire le passage du contrôle à l'abandon. C'est comme un vertige, une douce glissade vers la tiédeur du lit, une invitation délicieuse au bien-être et à l'oubli. S'endormir est un vrai délice. Un ravissement. J'en savoure chaque étape. Que ce soit en plein jour, alors que la ville et la maison battent leur plein d'activité, ou le soir quand viennent le silence et la paix nocturnes, alors que chacun dort ou veille, le sommeil est pour moi une merveille ; l'assoupissement, un miracle et l'éveil, un bonheur. Un rendez-vous régulier avec le bon goût de vivre.

Et, quand la mort viendra, je voudrais que ce soit pour moi dans ce délicieux endormissement du monde. Il doit être doux de partir comme on s'assoupit, sans s'accrocher, sans rien regretter, pénétrer dans la douceur et la quiétude alors que l'existence des autres se poursuit et que se sont apaisés en soi tous les remous de la vie.

Contemplations

Le chat s'est installé sur mes genoux et je l'y ai laissé. Je flatte son dos ronronnant en observant les nuances fauves et dorées de ses longs poils. C'est Timi, le dernier arrivé de nos quatre chats. Un bandit roux recueilli en très piteux état, tout pelé, couvert de plaies et de croûtes, squelettique. Ombrageux, hargneux, il fut difficile à apprivoiser. Ce fut la faim qui eut raison de sa méfiance. Depuis, il a fait sa place dans notre vie et voudrait même annexer le rez-de-chaussée. Dans les étages domine la matriarche devant qui il file doux, mais, en bas, il pourchasse ses aînés avec un toupet assez comique. Je le laisse venir se coucher près de mon ordinateur et accepte même qu'il me bloque le bras en s'installant dessus. J'arrête alors de travailler. Je le caresse. Je me contente de le caresser.

N'étant pas de nature contemplative, bien au contraire, il m'a fallu du temps pour parvenir à m'installer dans l'instant, pour me sentir capable de profiter de sa saveur sans me projeter dans des spéculations sur l'avenir, même immédiat, ou ruminer le passé, même très proche. Y parvenir est un exploit dont je suis très fière. Un exploit bien rare encore mais que je m'exerce à renouveler chaque fois que je le peux. Sans me forcer, sans me donner l'objectif de me transformer en sage hindou ou tibétain, j'ouvre des petites fenêtres de vacuité dans le tissu quotidien de mes journées.

Les flammes et les vagues

Inutile d'avoir commis un incendie volontaire à l'âge de trois ans pour le savoir : le feu est d'une force et d'une beauté incomparables. Ses flammes ont toujours eu le pouvoir d'interrompre mon chronomètre intime et mon besoin d'aller de l'avant. Regarder danser le feu dans la cheminée, c'est comme plonger la main dans la fourrure du félin domestique qui a choisi de nous aimer. Une échappée hors du temps. Dans la beauté, la volupté. Dans un monde qui se suffit à lui-même. Qui n'a pas besoin de nous pour s'aimer, pour exister. Qui a consenti à être domestiqué et nous permet ainsi de l'admirer captif, alors que, libre, il nous snoberait ou nous détruirait.

Enclos dans l'âtre, le feu déchire l'espace et le temps, il se tord et danse pour nous, pour nous réjouir, se montrer, se faire plaisir. Au temps de ma jeunesse folle, alors que mon désir de désirer me poussait vers toutes les jouissances, je me sentais proche de sa vigueur, j'avais le sentiment de posséder sa force et sa chaleur. Et sa dangerosité. Je brûlais alors et j'ai beaucoup brûlé. Puis les années ont passé. Dans la cheminée, les flammes du feu n'ont rien perdu de leur ardeur alors que celles de mes folies se sont émoussées.

Depuis quelque temps, l'océan, son ressac, les vagues et la houle qui les sculptent ont pris de l'importance dans mon univers de vigile fatigué. L'ampleur de ses mouvements, l'énormité de sa masse et l'absolue certitude de sa régularité me fascinent. Je ne comprends pas qu'on puisse prédire l'heure exacte des marées. Je ne veux surtout pas le comprendre. La mer garde sur moi un pouvoir énorme. Je ne suis pas du genre à vouloir la défier et ne me risque ni à faire du bateau ni même à m'y baigner. Je la contemple. Je la respecte et l'admire, jouissant profondément d'une démesure qui m'ignore.

Je regarde les vagues comme je contemple les flammes, heureuse d'un spectacle qui se donne à moi sans rien me demander et sans même se soucier que je sois là pour l'observer. Cette force-là, hors de ma juridiction, splendide et immense, me fait savourer la chance qui est la mienne. Pouvoir la contempler sans craindre d'avoir à la contenir, à la maîtriser, à la contrôler. Exister face à l'infini sans en être écrasée, à la violence et à la démesure sans en être menacée.

De petites frappes (5) - Le chantage

Ils sont six maintenant. Six gamins muets collés les uns aux autres, six à m'écouter. Sans que je les entende, ils sont venus se faufiler auprès du petit groupe compact de mes premiers auditeurs.

— Le chevalier aux deux têtes disparaît dans la forêt, emportant la princesse inanimée. Le jeune prince décide de le poursuivre. Il s'élance sur sa trace, quand soudain surgit un immense bruit qui semble provenir du fond même des entrailles de la terre. C'est comme un grondement, une sorte de…

Un bruit me fait sursauter, un craquement de branche. Je découvre alors les deux meneurs les plus agressifs de mon groupe, à demi dissimulés dans un repli du talus. La surprise me fait taire. Toute à l'ardeur de mon récit, je ne les avais pas entendus arriver. Depuis combien de temps sont-ils là, accroupis près de nous, qu'ont-ils entendu de mon histoire? Comment vont-ils réagir? Vont-ils se moquer et bousculer mon piètre auditoire?

M., le fort à bras, le bagarreur, se dresse de toute sa taille et m'ordonne de poursuivre. Je suis tellement sidérée que j'en perds la parole, je le regarde fixement sans trouver quoi lui répondre. A., le chef incontesté de la meute, le bouscule et le tire en arrière.

— Tu lui fais peur, idiot, faut qu'elle nous dise la suite.

Il s'avance vers moi, presque aimable:

— Vite, dites, qu'est-ce qu'il se passe? C'est quoi le bruit qui fait peur au prince? On veut la suite! Que se passe-t-il? On veut savoir!

M. lève le poing, comme pour me menacer, puis il enfonce ses mains dans ses poches. Les petits tremblent. Arrivent alors les derniers du groupe, prêts à la castagne. Ils se précipitent, curieux, se poussent et se bousculent pour être aux premières loges.

En deux mots, leurs chefs les mettent au courant et les font s'asseoir. Les gamins obéissent en ricanant. L'histoire ne les intéresse pas, mais ils n'ont pas les moyens de résister à l'autorité des meneurs. Ils se glissent au sol et attendent les consignes. Je ne peux résister au plaisir de les voir tous autour de moi, attentifs, presque captifs. D'une voix douce pour faire tendre l'oreille à ceux qui râlent et qui questionnent, je reprends le fil de mon intrigue en insistant sur les effets dramatiques.

— Le grondement enfle, on dirait une sorte de grincement, de ricanement. Les arbres se mettent à frémir, ils bougent comme s'ils allaient arracher leurs racines et se mettre à marcher. Le ciel s'obscurcit, une lueur verte apparaît puis disparaît. Le prince sent les poils de ses bras se hérisser, mais il n'écoute que son courage et fonce droit vers la forêt pour retrouver le chevalier sans tête qui a enlevé sa belle princesse. C'est alors que s'élève un hurlement à vous glacer le dos. Quelque chose de terrible va se produire…

Les gosses ne bronchent pas. Ils sont là, tous les douze, assis par terre, pour la plupart à demi vautrés. Silencieux. Comme je ne les ai jamais vus. Comme les gamins du centre aéré. C'est alors que j'ai l'illumination qui va décider de ma carrière.

— Vous voulez connaître la suite, savoir quel horrible monstre habite dans cette forêt ? Eh bien, je vous dirai tout ce soir. Dans le dortoir. Si vous vous tenez bien au rassemblement. Je veux le calme. À la moindre embrouille, je garde la suite pour moi. Et je vous préviens, c'est terrible. Ce qui va se passer est terrible !

En l'espace d'une seconde, je viens d'inventer un outil éducatif essentiel, le chantage. Moi qui n'ai jamais pu me faire obéir, je détiens l'argument magique qui donnera à mon groupe sa cohésion. À partir de ce jour-là, les caïds feront régner sur les Écureuils une discipline de fer. Ceux qui auraient pu être rétifs ou indifférents à mon univers onirique se verront roués de coups et menés de force aux rassemblements.

Très vite, je me prends au jeu. Je leur invente des histoires folles, je puise dans mon imagination d'enfant terrifiée ce qu'il faut d'effroi et d'espoir pour les tenir en haleine. Jusqu'à la fin de mon stage, lors des promenades, en remplacement du bricolage les jours de pluie, et tous les soirs, je leur raconte des histoires qu'ils écoutent en silence. Au moment du coucher, lorsqu'ils sont tous dans leur lit, pour créer une ambiance propice, j'éteins les lumières et c'est dans l'ombre que je les emmène chevaucher en enfer et secourir des animaux blessés. À peine quelques murmures, des soupirs, de petits rires vite étouffés, mon auditoire ose à peine tousser. J'oublie l'heure et le gardien de nuit nous surprend bien souvent dans l'obscurité. Certains gamins se sont endormis, on les entend ronfler.

— Vous aurez la suite demain. Bonne nuit, les enfants.

Sur la pointe des pieds, je m'éloigne du dortoir. Rassérénée. Je sais que je détiens dans mes tiroirs secrets suffisamment de tapis magiques, de cavernes remplies de joyaux, de preux chevaliers et d'animaux en détresse pour que mes petits voyous visitent le monde et apprennent à vivre leurs émotions loin des bagarres, des hurlements et des chahuts. Certes, ma méthode n'est pas orthodoxe, mais il est incontestable qu'en leur faisant partager mes rêves j'ouvre la porte des leurs.

IV

LES ROUAGES SECRETS

Raccourcis

Coups de foudre

Sur la photo, c'est une magnifique maison bien qu'elle n'ait presque aucun des critères que j'avais présentés en contactant l'agence. J'avais été très claire, je la voulais grande, avec du terrain, une vue. Beaucoup de terrain, une belle vue. Une maison ancienne, sans piscine, sans voisins immédiats. Celle qu'on me propose est mitoyenne, en plein bourg, entourée d'un jardin des plus modestes. Quant à la vue, il n'y en a aucune. D'évidence, à part son absence de piscine et son ancienneté, elle n'a rien pour me plaire. En revanche, l'intitulé « ancien presbytère », les détails comme « vieux murs », « poutres et cheminées », même le nom de la commune, tout m'enchante. Je vais la voir, je m'y sens bien. Sans hésiter une seconde, je l'achète.

Si je peux décider si rapidement de l'achat d'une demeure qui va déterminer mon lieu de résidence et mon style de vie pour un bon nombre d'années, voire le reste de mon existence, c'est que je me sens prête. Y compris à me décider pour un vieux presbytère dépourvu de vue sur la campagne, les montagnes ou la mer.

Il faut dire que je pense à cette maison depuis presque dix ans. Depuis que je me projette dans une retraite anticipée que je veux consacrer à l'écriture. Depuis des années donc, je sillonne la campagne et me rends dans les agences immobilières en quête de la maison de mes rêves. Je la vois solide, ancienne, de caractère, en pierres, entourée de verdure. Dans mon esprit, j'imagine la pièce où je poserai mon ordinateur. En général, c'est devant une fenêtre ouverte sur un vallon, en bordure d'une prairie, à la lisière d'un bois, au bord d'un lac, proche du bruit des vagues ou du chant des oiseaux. Car si je ne suis pas fixée sur la région, je veux que mes yeux puissent se perdre dans le lointain tandis que j'écris. En bonne Parisienne vivant depuis longtemps en appartement, je rêve d'un terrain suffisamment étendu pour m'éviter la proximité d'un voisinage que je suppose *a priori* gênant, curieux ou bruyant. La maison sera donc isolée, dominant une vallée, une rivière, une berge, ouverte sur le ciel et les saisons.

Bien avant que d'être à même d'en faire l'acquisition, j'ai visité un grand nombre de maisons anciennes, isolées, avec terrain, sans piscine. Chaque fois, ma plus grande crainte était que l'endroit me plaise, car je savais que c'était prématuré. Je n'avais pas assez d'argent et je ne pouvais encore prétendre à la retraite, même anticipée. Mais j'enquêtais, je m'informais, je déposais ma carte dans les agences et chez les notaires, je cherchais des yeux les panneaux « à vendre ». Chaque fois que c'était possible, je visitais. Je reniflais l'odeur des boiseries, inspectais les charpentes, notais l'état des murs et des tapisseries. Je m'aventurais dans les combles, les caves, les garages. Je me promenais dans le jardin. J'examinais les alentours, je vérifiais les transports, je repérais les commerçants. Chaque fois, je notais tout ce qui me plaisait et ce qui me déplaisait, ce qui convenait à mon projet et ce qui l'entravait. Et je laissais passer le temps jusqu'à ma prochaine visite, ma prochaine exploration.

Le temps du choix

Cela m'a pris plus de dix ans, à l'occasion de vacances ou lors d'un déplacement pour une conférence dans une jolie région verte et vallonnée, sur les rives d'un lac ou d'une rivière. Je n'y consacrais pas beaucoup de temps, ce n'était pas une préoccupation constante. J'avais l'œil, c'est tout. Dans un coin de ma tête mûrissait le projet de vie que je voulais réaliser et vers lequel tendaient tous mes espoirs. Prendre une retraite anticipée, quitter le monde éducatif et ses impasses, m'éloigner de Paris et de sa tentaculaire région, choisir un coin de verdure et une maison, et écrire. Rêver ainsi de la maison qui serait la mienne et de la pièce où j'installerais mon bureau et disposerais mon ordinateur, c'était projeter sur mon avenir mes espoirs présents et mesurer, pas à pas, année par année, la distance qui m'en séparait.

Ancien corps de ferme – si possible fortifié –, vieille bâtisse classée – sans travaux surtout –, maison de caractère – mais rénovée –, c'était tout un style de vie, une manière de concevoir le temps qui passe et l'aboutissement de nombreuses années de travail. Je savais mon budget pour acquérir la maison et pour l'entretenir, j'appris à modeler mes aspirations aux prix du marché tout en prenant le temps d'affiner mes attentes sur le choix d'une région qui resta jusqu'au bout indéterminée. Une seule certitude, ce serait en campagne, dans un village, près des bois, pas loin d'une rivière.

Quelques mois avant la date de mon départ à la retraite, j'étais prête. En voyant cette maison, je l'ai reconnue et aimée tout de suite. Un vrai coup de foudre.

Un mode de vie

Aujourd'hui, depuis dix ans, mon compagnon et moi vivons dans cette maison que nous partageons avec quatre chats et un chien. C'est ici que j'écris. Le jardin est parfait pour accueillir mes petits-enfants, leur cabane, leurs balançoires et leurs caches secrètes. Partout de l'herbe, des buissons fleuris, camélias, seringa, glycines, chèvrefeuille. Mon bureau – la grande pièce remplie de livres où j'ai installé mon ordinateur – donne sur le mur de la grange, une haie, le lilas mauve qui ombre une partie de la terrasse, des roses. Un peu plus loin, en hiver, quand les arbres sont nus, je vois jusqu'au portail qui donne sur la rue. Au printemps, j'aperçois deux autres lilas, un violet foncé et un blanc lumineux. En été, je ne vois plus rien. Le jardin entier croule sous les feuillages et le mur de la grange s'illumine des petites fleurs d'un immense rosier d'un étincelant jaune rosé nacré.

Je ne peux admirer les lointaines cimes des montagnes, ni l'eau argentée d'une rivière, ni le reflet de la mer, mais des pierres, de la verdure et des fleurs. C'est ma vue, depuis dix ans. Une vue magnifique. Idéale pour rêver, pour penser, pour écrire. Pour vivre ma vie.

En fait, si le décor ne ressemble pas à ce que j'avais en tête, il me donne tout ce que j'attendais. Car derrière la liste des critères que je mettais en avant se cachait mon attente d'un lieu propice à la rêverie et à l'écriture, un refuge à habiter et qui m'habiterait. Il me fallait un cadre protecteur où mon imagination pourrait s'envoler sans me mettre en péril. C'est pourquoi je voulais que la maison soit ancienne, ayant traversé les années et fait la preuve de sa solidité. Cet ancien presbytère, ses murs et son jardin m'offrent la sécurité et la pérennité qui m'ont toujours fait défaut. Même la mitoyenneté, fort raisonnable d'ailleurs, me protège, la chance ayant voulu que mes voisins soient d'une intelligence relationnelle exceptionnelle et que la disposition de nos jardins, haies comprises, tout autant que nos désirs personnels préservent absolument nos intimités.

Sans l'ombre d'une hésitation, j'ai reconnu dans cette bâtisse ancienne, chargée d'histoire, aux murs épais, solidement ancrés dans le sol, le havre de paix susceptible de me rassurer sur la véhémence et la turbulence des jours. Ce n'était pas une question de décor apparent, mais un enjeu fondamental, une disposition essentielle. Si j'ai su reconnaître *ma* maison dans cette demeure qui ne ressemblait pas à celle de mes rêves, c'est parce que j'avais pris le temps de savoir ce qu'il me fallait et que j'ai compris qu'elle en disposait. La maison de mes rêves me promettait un mode de vie que cette maison m'a garanti dans la réalité.

Le miroitement du passé

Le processus intime qui permet de choisir une maison est tout à fait semblable à celui qui nous pousse à tomber en amour ou en amitié. Avec la même immense marge d'incertitude, voire d'erreur. Car la plupart des choix reposent bien plus sur l'effervescence du désir que sur sa longue maturation, sur une projection de fantasmes et de rêves que sur une vision claire de la réalité. D'évidence, celui que nous rencontrons peut nous plaire sans nous convenir, nous convenir sans nous rendre heureux. En amour, pour durer, il ne suffit pas de trouver l'âme sœur, il ne suffit pas de s'éprendre. Si profond soit-il, le trouble ressenti ne garantit jamais une relation vraie.

Certes, en matière d'impulsions amoureuses comme de tout coup de cœur, il est des rencontres qui s'imposent à nous comme essentielles. L'autre nous ressemble, il dispose exactement de ce dont nous manquons, il réalise le rêve de notre vie, il incarne l'âme sœur, il est le reflet parfait de nos attentes. Or il s'avère à l'usage que la coïncidence porte bien plus sur des manques passés que sur des possibilités d'avenir et qu'elle va nourrir la répétition des échecs garantis. Car ce que le coup de foudre met en scène, c'est la simultanéité et la concordance de deux désirs et leur embrasement. Deux fantasmes se croisent et se mêlent. Et la relation – tumultueuse ou paisible – qui s'ensuit dure aussi longtemps que la réalité s'accorde avec les fantasmes. Le jour où le décalage entre le rêve et le quotidien devient trop cruel, l'amour perd de sa flamboyance.

Sans coïncidence, il n'est point de rencontre ; sans fantasme, point de désir ; sans projection, point de relation. Pour les amours comme pour les maisons, il n'est jamais facile d'apprendre qui est l'autre tout en devenant soi-même. J'ai eu la chance d'avoir projeté dans mon rêve d'écriture et de campagne ce que mes capacités de création pouvaient accomplir. La maison et moi avons réussi à harmoniser suffisamment nos potentiels et nos réalités pour pouvoir poursuivre ensemble une certaine manière de vivre.

Coups du sort

Quand j'ai appris que j'étais atteinte d'un double cancer du sein, à un stade avancé, il ne m'a pas fallu longtemps pour comprendre, accueillir et accepter le diagnostic. Dans un premier temps, j'ai pensé que j'allais mourir et je me suis aperçue que j'y étais déjà préparée. Dans un second temps, dès qu'un protocole de soin m'a été proposé, je savais ce que j'avais à faire pour me battre et je me suis battue, car là aussi j'y étais déjà préparée. Préparée à mourir, prête à vivre. N'est-ce pas l'idéal pour affronter la vie et ses surprises ?

Choisir une maison, être enflammée par coup de foudre, se découvrir un cancer, il peut sembler surprenant de voir des analogies dans des événements psychiques si différents. On peut comprendre toutefois assez facilement que l'alchimie qui pousse vers l'autre participe du même processus inconscient que celle qui permet de faire un choix important ou d'accueillir les coups du sort. Car ce qui est en jeu dans le processus de choix et d'acceptation repose sur une préparation intime, faite de rêves, de projets, de craintes et d'espoirs. Les rouages secrets de cette élaboration sont ceux de l'inconscient. Ce sont ceux qui fonctionnent dans les lapsus, les rêves, les oublis, les actes manqués et la rêverie féconde, qu'il s'agisse de dénouer quelques nœuds intimes, d'affronter des obstacles ou des bonheurs imprévus ou de prendre une décision importante[1].

En un clin d'œil

Comme toujours lorsqu'il s'agit du fonctionnement inconscient, la rapidité apparente du processus ne doit

1. Sigmund Freud, *Psychopathologie de la vie quotidienne* (1901), Petite Bibliothèque Payot, 2001.

pas faire illusion. Pour le lapsus ou le rêve, comme pour le coup de foudre, le temps des horloges ou des calendriers n'est pas concerné. La fulgurance de la pensée repose sur le long travail méticuleux d'un inconscient en fonctionnement ininterrompu. C'est pourquoi une décision peut se prendre en quelques secondes sans s'avérer hâtive ou infondée. Mais il faut pour cela qu'elle puisse avoir été élaborée en deçà, dans les replis du temps et de l'espace de notre esprit. Ce qui semble rapide au niveau manifeste repose sur une longue élaboration latente.

Le coup de foudre porte bien souvent la marque des amours infantiles, soigneusement conservées, non élaborées. Or ce qui remonte alors à la surface, ce n'est pas la longue maturation d'un choix bien pensé, mais la vigueur d'un désir peu domestiqué. Pour le meilleur comme pour le pire, celui que notre cœur reconnaît porte la marque de nos attentes. Plus que d'une première rencontre, il s'agit d'une retrouvaille. En fait, les coups de foudre portent le sceau de la passion et du passé.

En revanche, prendre une décision ou accepter les coups du sort requièrent la marque de la raison. Passion et raison trouvant ici leurs racines inconscientes.

Avec la maladie

Mes coups de foudre amicaux et amoureux ne m'ont pas toujours porté bonheur, je le reconnais. Et toutes mes décisions n'ont pas été heureuses. Car, si le moment du choix peut être raccourci au point de paraître instantané, rien ne fait faire l'économie de la durée de la vie et de l'épreuve du temps. De même, si l'acceptation du diagnostic peut aider à traverser le cancer et ses traitements – dont les effets secondaires sont tellement nocifs qu'ils en font presque oublier la malignité du cancer lui-même –, ce n'est en fait qu'une étape, essentielle mais insuffisante, dans la longue transformation de soi qu'opère la maladie. Accepter la maladie permet en revanche de pactiser avec elle, de ne pas lutter contre sa réalité, de trouver même avec elle des alliances secrètes, et ainsi s'engager dans le long processus qui mène à la guérison.

Certaines personnes déclarent que l'épreuve du cancer – ou de toute autre pathologie longue et grave – les révèle à elles-mêmes, qu'elle leur permet de revoir leurs priorités, les menant à un renouvellement radical de leur façon de voir leur vie et leur mort. Ce n'est pas mon cas. Le cancer m'a simplement permis de voir que j'étais en adéquation avec moi-même. Ce fut une épreuve désagréable mais une expérience assez captivante. Du moins la première année, celle des premiers traitements. Une année singulière tout à fait passionnante.

Or je dois reconnaître que les transformations que la maladie a fait entrer dans mon espace psychique et dans ma vie quotidienne le jour de la mammographie de dépistage n'en sont jamais totalement reparties. Et qu'elles mettent fortement à contribution mes capacités à transcender les difficultés et les agacements de la vie. Reconnaissons que les années qui suivent le cancer sont des années difficiles, même avant que se déclarent les premières métastases. Il faut s'accrocher pour continuer à profiter d'un quotidien que la fatigue et la lassitude épuisent. Lorsqu'il devient chronique, le cancer se transforme en compagnon de route avec qui il faut apprendre à cheminer sans perdre de vue l'essentiel, avoir un cancer n'empêche pas de vivre et ne fait pas faire l'économie d'avoir à inventer sa vie.

Comme rien n'épuise plus que les combats que l'on mène contre soi-même, il est précieux de prendre le temps de faire la paix avec son cancer comme avec tout ce que la vie nous impose.

Avec l'idée de la mort

De même que les douleurs acceptées font parfois moins mal que celles qu'on refuse, on vit certainement mieux sa vie si on accepte de penser sa mort.

Accepter son cancer, se battre *avec* lui et non *contre* lui par exemple. Accueillir l'inévitable. Consentir à l'implacable processus de la vie qui va vers la mort. Des éclats de mort dans notre vie.

Tout au fond, il s'agit du même cheminement que celui qui permet de pactiser avec ses démons intimes pour trouver la paix. Se connaître, savoir ses failles et l'origine de ses tourments, accepter d'en souffrir et se sentir capable de surmonter l'épreuve, autant de petits arrangements avec soi-même qui aident à transformer en douceur la douleur de vivre. Cette alchimie se fait au fil des jours, comme un long pétrissage, sans cesse repris, recommencé, remanié. C'est la tâche quotidienne que doit accomplir notre esprit pour se libérer de la part de mort que comprend toute maladie, de la part de mort que comprend la vie.

Lorsqu'on se donne la matière, le temps et l'espace pour pouvoir rêver, il devient possible de parvenir à l'équilibre délicat qui conduit à accepter la souffrance sans s'y installer, à connaître la peur sans s'en effrayer, à jouer avec ses rêves sans s'y réfugier. Une longue et lente transformation intime que la maladie rend souvent nécessaire mais qu'induit également le plus simple et le plus inéluctable des vieillissements. Un processus qui s'enracine dans notre capacité à accepter la perte et le changement. À accepter la perte pour le changement. À accepter la perte tout simplement. À métamorphoser la mort en soi pour en faire de la vie.

Métamorphoses

Les passages dangereux

Séparation amoureuse, perte d'un emploi, déménagement, puberté, ménopause, maladie, mort, mais aussi guérison, naissance ou départ des enfants, nouvel amour, nouveau travail, nouveau projet, de nombreuses séquences de rupture jalonnent nos vies. Il n'est pas d'existence qu'épargne le devoir de s'adapter à un changement brutal ou insidieux et d'avoir à surmonter le surgissement du doute et du désarroi. Ce sont des passages, des seuils, qui contraignent à changer et qui n'ont pas besoin d'être négatifs pour se voir à l'origine d'une crise existentielle. Il suffit de penser à la naissance d'un enfant fortement désiré ou à la réussite d'un projet porté depuis longtemps. La réussite peut déstabiliser autant que l'échec.

Il ne suffit pas non plus de se croire bien armé pour la vie pour savoir toujours faire face aux événements intimes extérieurs à son champ de maîtrise. Enfance bousculée ou ensoleillée, sous menace ou sous protection parentale, chacun doit faire constamment avec de nouvelles réalités et s'engager dans un processus de changement intime dont il ne peut prévoir l'issue. Mutation, discontinuité, coups du hasard, coups du sort, chacun éprouve la perte, souffre du manque et craint l'avenir. Sont réveillées les vieilles peurs enfouies, les angoisses archaïques, paranoïdes et dépressives[1]. La crainte – ou le désir – de voir le monde s'effondrer et d'en être la cause. Ou de n'y être pour rien.

Angoisse et adolescence

Pendant mes années d'exercice professionnel, j'ai été confrontée aux dégâts que peuvent causer les changements sur des personnes fragiles, mal armées par la vie et pour la vie, des adolescents par exemple. Violence des passages à l'acte, drame des suicides, absurdité de certaines prises de risques, les adolescents qu'on dit *violents* – et que les professionnels savent *difficiles* ou *en grande difficulté* – sont souvent

1. Melanie Klein, *Essais de psychanalyse 1921-1945*, Payot, 1989.

confrontés aux vertiges qui bousculent leur vie intime alors que leur entourage – familial, scolaire et social – ne peut ni les rassurer ni les protéger. Car l'adolescence est un passage. Et, comme tout passage, il génère de grands désarrois et sollicite d'importants mécanismes de défense. Les adolescents qu'on dit dangereux sont souvent confrontés à des paniques intolérables qui les poussent autant à détruire qu'à se détruire. Pour les comprendre, les cliniciens – dont je fais naturellement partie – ont affiné leur connaissance des processus psychiques du passage à l'acte, mais aussi du deuil, de la création, de la réparation et du pardon, de tout ce qui aide à cheminer avec la haine et la peur, le ressentiment et la culpabilité, la violence et la destruction.

Les premiers travaux de Melanie Klein sur les catastrophes primitives, ainsi que les études magistrales menées par Claude Balier sur le milieu carcéral[1], permettent de saisir les forces en présence. Le monde des films gore et des histoires d'épouvante n'est rien face à la démesure des angoisses qui peuvent terrasser les grands criminels et ceux qu'on dit psychopathes ou hyperviolents. L'esprit humain est ce qui ressemble le plus à l'enfer. Ce monde de démesure et

1. Claude Balier, *Psychanalyse des comportements violents*, PUF, 2002.

de chaos, de torture et de tourments, je l'ai entraperçu dans mon enfance, j'ai traversé son cercle de feu quand j'étais jeune, je l'ai supporté longtemps dans mes souvenirs et mes cauchemars. C'est pour lui faire face que je me suis armée et c'est pour pactiser avec lui que j'ai mis en place les stratégies pacifiques dont je veux parler ici.

Les ombres restantes

J'avais trente ans quand s'est terminée mon analyse. Depuis plus de sept ans, trois fois par semaine, pendant quarante-cinq minutes, j'allais m'étendre sur le canapé d'une belle dame brune, assez austère, peu amicale et bien trop onéreuse pour mon budget de jeune éducatrice. Ces coûteux rendez-vous immuables et pénibles ont scandé mes années de tourmente et m'ont permis de ne pas sombrer dans la violence qui m'habitait. Pendant les années décisives qui sont celles de l'entrée dans la maturité, je tentai de me suicider, me mariai et divorçai, ma mère mourut, ma fille naquit, mon père mourut à son tour. Pour qui connaît la règle qui voudrait qu'on s'abstienne pendant la cure de prendre des décisions importantes, je suis très loin du compte. Ce qui se passa pendant ces sept années-là fut décisif pour moi et essentiel.

Lorsque je me revois, nouvellement divorcée, totalement orpheline, mère débutante, jeune femme libre dans une époque libertaire, je suis frappée par la candeur de mes certitudes. Cette analyse, c'était mon grand œuvre. J'avais fait le travail psychique censé me libérer de mes origines, de ma peur et de ma haine. C'en était fini de mes chaînes. J'étais persuadée d'avoir franchi toutes les étapes de la grande initiation, celle qui donne la connaissance de soi, éclaire sur les méandres de l'inconscient et le pourquoi des choses. Tout prenait sens. Comme beaucoup de néophytes, je surinterprétais, le moindre rhume avait sa signification cachée, les mots renvoyaient toujours à d'autres mots, l'angoisse n'avait plus sa place, je croyais régner en maître sur mon existence.

Je reconnais aujourd'hui que cette illusion de maîtrise témoignait de l'intensité de mes aveuglements. Je me croyais libre, je n'étais que libérée. Et encore. Pour jouir d'une liberté réelle – même psychique, autrement dit relative –, il me fallait encore la gagner. Non seulement pactiser avec le passé mais construire l'espace de ma vie. Ce que j'appris à faire. Il me fallut des années pour explorer les zones d'ombre que mes séances m'avaient permis d'approcher et que j'aurais peut-être gagné à approfondir. Mais qui peut dire en avoir vraiment fini avec l'analyse et avec les énigmes de son propre inconscient[1] ? L'écriture me permit d'en décrypter quelques-unes, la vie m'en fit approfondir d'autres. Et le processus continue encore aujourd'hui. D'évidence, le travail initié pendant mes années de cure est celui-là même qui accompagne mes balades rêveuses. Ce qui me fit sortir des ténèbres et accepter les clairs-obscurs guide mes pas au travers des ombres restantes.

Sortir de quarantaine

Il me fallut du temps et bien des promenades solitaires pour comprendre pourquoi j'avais joué à cache-cache avec mon calendrier, faisant semblant d'oublier puis de redécouvrir que la mère de mon compagnon partait à l'hôpital quarante ans exactement après la dernière hospitalisation de la mienne. La démesure de la fatigue qui m'avait envahie me fit deviner l'importance du combat intérieur que cette répétition suscitait et que mon esprit me refusait. À quarante ans d'écart, le même scénario se jouait. Et ravivait en moi des sentiments dont je croyais m'être lavée depuis longtemps.

1. Sigmund Freud, « Analyse avec fin et analyse sans fin » (1937), in *Résultats, idées, problèmes* (1921-1938), t. II, PUF, 1985.

Il est trop violent de perdre sa mère deux fois, peuvent penser les bonnes âmes. Et dans des conditions si proches. À une date anniversaire aussi précise. Mais, lorsqu'il s'agit de ma mère – ou de toute autre mère en fait –, mon âme n'est jamais spontanément bonne. Ce que je ressentais en témoignait, une fois encore je n'étais pas la bonne fille compatissante, mais la hargneuse, la rageuse, la mauvaise. J'étais furieuse contre le destin qui jouait à la répétition maternelle et contre cette femme qui osait venir mourir sur une de mes plages d'abomination personnelle.

Or je n'étais pour rien dans le décès de cette mère-là. Je n'avais en aucun point failli. Bien au contraire. Depuis le début, j'avais tout fait pour que son fils soit à son côté, à chaque instant, jusqu'au dernier moment. Jusqu'à ce que ma belle-mère rende son dernier souffle et que son fils le recueille. Tout fut alors clair pour moi. Je compris que je répugnais à prêter l'espace calendaire de ma petite célébration morbide, que je tenais à mes mortifications. Que ma fatigue et ma colère provenaient du combat intime qui se jouait en moi. Car je ressentais pour cette femme que j'aimais bien et qui m'avait toujours prise en affection les mêmes relents nauséabonds que j'avais éprouvés pour ma mère. Comme si, en entrant à l'hôpital à ce moment-là, ma belle-mère avait pris une place qui ne pouvait être la sienne. Une date que je m'étais appropriée. La place de la haine et des remords. La place et la date de ma faute, de mon expiation.

Dévoilement

Pour sortir de cette mise en quarantaine, il me fallut accepter de reconnaître que j'étais encore emmurée dans ma prison et que j'y tenais. Qu'à cette date rituelle, je célébrais depuis longtemps bien plus ma défaite et ma gloire de fille que la mort de ma mère. Le rideau de honte et de culpabilité anniversaires recouvrait le pacte secret que j'avais signé avec la mort. Elle et moi étions complices, elle m'avait libérée de ma mère, j'avais accepté d'être enfermée avec elle.

Il ne m'a pas été facile d'accepter les équations – pourtant d'une grande simplicité – qui s'étaient dissoutes dans ma chair et mes souvenirs. Savoir que la mort n'emporte jamais une mère sans toucher et troubler ses fils et ses filles. Ne jamais oublier que tous les morts et toutes les morts sont liés. Que même les bons enfants peuvent perdre leurs parents. Que la mort peut venir sans qu'on l'appelle. Et que l'on peut la souhaiter sans qu'elle vienne. Qu'on peut la souhaiter et qu'elle vienne sans qu'on en soit la cause. Accepter de n'être rien dans le cours des choses. Devenir capable de célébrer des événements passés sans leur donner le droit d'annexer le présent. Autant de lâcher prise bien malaisés lorsqu'il s'agit d'événements essentiels qui ont structuré notre vie.

Le signifiant « quarantaine » me soufflait que le temps de l'expiation était dépassé. Qu'était venu le moment d'accepter que les débuts de janvier accueillent d'autres événements, heureux ou malheureux, sans que je me les approprie. Car, même si j'avais souhaité la mort de ma mère et ne l'avais jamais regrettée, je ne l'avais pas tuée.

Dans les coulisses

Cette histoire de quarantaine illustre assez bien les rouages secrets de la longue et patiente élaboration en œuvre dans la fulgurance des raccourcis psychiques et dans la profondeur des métamorphoses intimes. Elle va nous permettre de faire une petite excursion dans les coulisses de notre conscience, là où se tisse et se retisse ce qui nous fait agir, souffrir, et nous permet également de rêver et de guérir.

Alors que nous marchons ou nous occupons les mains sans chercher à réfléchir, notre esprit ne se repose pas. Bien au contraire, il entreprend un véritable travail de recherche. Faisant un petit saut spatio-temporel, il se dégage des effets de surface pour creuser nos grands fonds. Il se charge de se souvenir de ce que cachent nos souvenirs. Profitant de la liberté que nous lui accordons, il va bousculer l'ordre des choses apparentes et mettre au jour un niveau de réalité sous-jacent.

La partie inconsciente de notre esprit aime autant explorer l'infini que récapituler les petits détails de nos soucis. Elle joue autant avec les chiffres, les lettres, qu'avec le temps. Son calendrier n'oublie aucune date, son dictionnaire aucun mot. Je sais qu'on peut toujours lui faire confiance pour tenir à jour le grand registre de nos dettes et de nos fautes. Additions, soustractions, divisions, tous nos comptes lui sont accessibles, disponibles sous la couche protectrice de nos habitudes, de nos oublis et de nos légendes familiales et personnelles.

La lettre volée[1]

Les signes et les indices qui nous aideraient à comprendre sont là, aucunement dissimulés, totalement intégrés dans le paysage de nos préoccupations. Comme dans le récit d'Edgar Poe[2], la lettre volée n'est pas cachée, elle est tout simplement transformée, rendue différente au regard. Ainsi ne *peut* la voir celui

---

1. Jacques Lacan, *Le Séminaire sur « La lettre volée »* (1955), in *Écrits*, Seuil, 1966.
2. Edgar Allan Poe, *La Lettre volée* (1845), in *Histoires extraordinaires*, 1832-1845.

qui *croit* la connaître et cherche benoîtement à la reconnaître. Pour la repérer, il lui faut parvenir à se déprendre de l'image qu'il s'en est faite.

De la même manière, nous vivons entourés des paroles et des musiques que notre inconscient met sur notre chemin, ouvertes, offertes mais méconnaissables, illisibles ou déformées. Nous vivons avec, nous vivons dedans. Nous les voyons, les percevons, mais nous ne pouvons les reconnaître, leur donner sens, les déchiffrer. Pour en comprendre la signification, il faut que notre esprit puisse les extraire du contexte quotidien, les dégager du fil des jours et les connecter à ses réseaux intimes les plus souterrains, oubliés, refoulés, jusqu'à ce que surgisse un sens particulier, nouveau, singulier, à ce qui nous paraissait banalement ordinaire.

Il faut laisser au temps le temps de prendre son temps, c'est-à-dire d'emprunter les raccourcis ou les détours dont il a le secret. Lui permettre de décanter lui-même ce qu'il lui faut décanter pour qu'émergent les éléments signifiants, importants, décisifs, qui sont perdus ou dissimulés dans le décor. Autrement dit, pour naviguer dans la multiplicité de nos univers intimes, il faut du jeu, de la liberté, de l'espace, du vide, suffisamment de vacuité pour que du trop connu émerge l'inconnu.

Or c'est bien ce que la surcharge d'émotions, de préoccupations, de mémoire et de sens empêche ou interdit. Quand il est trop lourd de soucis, le cœur les garde, les regarde, les ressasse, ne les perd pas des yeux. Difficile de s'en extraire. Nos priorités, nos attachements, nos peurs, nos peines et nos haines nous encombrent. Il ne reste pas assez de place pour que se dessine le schéma original d'une pensée nouvelle – cachée ou interdite –, que se devine la trouvaille qui libérera de l'énergie et de la créativité.

Un travail de clerc

Pendant la balade ou la séance d'époussetage, on dirait que l'esprit se dédouble. À notre insu, il examine et série ce qui le préoccupe, classe les dossiers en suspens, reprend éventuellement les vieilles affaires pour les mettre à jour, cherche à redonner de l'ordre à l'enchevêtrement des émotions, des désirs, des attentes. Il pèse, compte, divise. Il classe, hiérarchise. Il bouscule les apparences et creuse un peu sous l'écume des jours. Car l'esprit n'oublie rien et stocke dans nos archives personnelles tout ce que nous ne voulons ou ne pouvons traiter sur le moment. Ce travail de clerc permet de tenir en ordre nos vieilles affaires. Quotidiennement, il fait émerger ce qui semble essentiel et le distingue de ce qui paraît anodin, secondaire ou véniel. Ainsi peut s'éclaircir la vision intime que nous avons des situations courantes.

Ce processus mental préconscient va aussi loin, aussi profond que nos barrières intimes le lui permettent. Mais il ne peut rien contre la violence de l'angoisse, les blocages inconscients, les stratégies de défense et la volonté de ne pas savoir. Pour s'aventurer en confiance dans les coulisses de sa tête et laisser ses idées trouver seules leurs nécessaires et judicieuses organisations, autrement dit, pour lâcher la bride à la pensée logique et faire travailler son subconscient, il est préférable d'avoir appris à pactiser avec ses propres démons. De même que personne ne peut lâcher la maîtrise de ses pensées par la simple volonté de s'en libérer, personne ne peut espérer de miracle s'il se cache à lui-même ses propres vérités. Autrement dit, il est préférable de bien se connaître. Prendre l'habitude de l'introspection, s'autoriser la lucidité, ne pas craindre ses sentiments, accepter de côtoyer ses ombres, se familiariser avec ses fantômes, avec ses morts. Car le travail psychique qui s'opère là requiert de bonnes bases. L'esprit ne peut rien organiser qui ne soit connu, reconnu, assez facilement identifié.

La balade rêveuse ne peut rien contre la vigueur de certains refoulements ou les remparts du clivage. Elle ne sort du fatras que ce qui peut l'être. Ainsi ne donne-t-elle pas accès aux nœuds fondamentaux qui structurent notre psychisme. L'introspection ne remplacera jamais le travail transférentiel de la cure. Mais la rêverie libre et flottante peut trouver des raccourcis à qui sait lui faire confiance.

Passer par la rêverie

Nous sommes donc au cœur d'un de ces fameux paradoxes qui sont le signe d'un inconscient vivant. D'un côté, nous remarquons qu'il est nécessaire de bien se connaître, de se préparer au pire comme au meilleur. Autrement dit, user de ses capacités cognitives et intellectuelles et tenir compte des avertissements de l'angoisse. D'un autre côté, nous pointons la libre circulation des pensées inconscientes, leurs enchaînements mystérieux et leurs sauts hors du temps et de la logique. Il s'agit donc de ne pas craindre les tours de passe-passe et les illusions du rêve. Paradoxal donc le double mouvement qui consiste à jouer de la maîtrise et aussi de l'abandon. À se préparer à l'action et ne rien faire. Et à recommencer. Car il nous faut reconnaître qu'il ne sert à rien de se crisper et d'attendre un résultat positif et contrôlé.

Passer par la rêverie ne garantit jamais de trouver la bonne issue rapidement. Le travail psychique secret ne se laisse pas maîtriser. Ce qu'il dévoile au détour d'un lapsus, d'une association, d'un rêve, n'est que la crête vive d'une masse énorme, profonde, à tout jamais enfouie, à tout jamais inconnue. Enfouie, inconnue, mais pas étrangère. Il ne s'agit jamais que de nous. De rien d'autre que de nous. Et des quelques autres qui nous sont proches et chers, ou qui l'ont été.

C'est d'ailleurs ce qui rend la chose difficile. Car il est des figures de nous-mêmes avec lesquelles nous ne savons pas faire. Honte, culpabilité, certes. Mais aussi embrouilles, mesquineries, envies, jalousies et autres amertumes, tout ce qui constitue la haine de soi et de l'existence. C'est pourquoi les balades rêveuses ne mènent pas toujours à la paix. On peut marcher pour ressasser son amertume, entretenir de vieilles colères, mijoter des plans de vengeance à l'infini. La promenade solitaire ne peut apporter la consolation qu'à celui qui la recherche et pour qui c'est le bon moment.

Car le travail psychique qui connaît les détours et les raccourcis impose son rythme et ses tempos. Pas plus que celui des semailles n'est le temps des moissons, le temps de la colère n'est pas celui du pardon. Chaque étape est nécessaire. Inscrites sur le calendrier qui les note toutes, n'en oublie jamais aucune, nos petites blessures vibrent à leur propre rythme et peuvent s'enkyster sans jamais parvenir à l'unisson. Or, comme les rêves nocturnes, les balades rêveuses permettent à notre esprit de faire sauter certaines cloisons et à chacune de nos petites musiques de se connecter, de s'harmoniser.

Quand notre âme se balade, sur un trottoir ou sur un sentier, en faisant la vaisselle ou en briquant les parquets, en caressant le chat ou en regardant la mer, elle musarde sur d'autres rives et d'autres rivages que ceux que nous côtoyons et que nous croyons contrôler. La laisser vaquer loin de nos occupations et de nos préoccupations, c'est lui laisser le loisir et le temps de visites intimes et de rencontres secrètes autant imprévues que fécondes. Dont nous ignorons tout mais que nous acceptons et dont nous sommes prêts à accueillir les fruits.

De petites frappes (6) – La morale de l'histoire

Nous sommes maintenant en 1990. Je suis devenue psychologue clinicienne et travaille à ma plus grande satisfaction au centre de recherches et de formation de la Protection judiciaire de la jeunesse. Ce jour-là, je viens de terminer un exposé sur les adolescents et la violence lorsqu'un éducateur me demande :

— Seriez-vous la demoiselle Vaillant qui travaillait à X en 1964?

Aussitôt, je sens le rouge me monter au front tandis que mes jambes se mettent à trembler. Je suis démasquée. Ma honte, mon échec et mon imposture vont éclater. Impossible de le nier. Je suis la jeune éducatrice incompétente qui n'a tenu sa titularisation qu'à sa capacité à inventer des histoires rocambolesques et qui acquit par le biais du chantage les résultats qu'elle n'obtenait pas par l'autorité. Alors que j'acquiesce, toute ma carrière défile devant moi. Mes efforts pour fuir l'internat de rééducation et ses méthodes musclées, ma psychanalyse, mes études universitaires, ma conversion en psychologue, mes recherches sur la violence des jeunes et celle des institutions, mes travaux sur la délinquance et les mesures de réparation. Mais l'éducateur ne semble pas percevoir mon embarras, il poursuit avec émotion :

— Savez-vous qu'après votre départ les éducateurs ont dû acheter des livres de contes ! Les gamins en réclamaient. C'était surprenant de voir combien ceux qu'on prenait pour de vraies petites frappes avaient besoin de rêve. Ils écoutaient avec avidité ce qu'on leur lisait et attendaient avec impatience les séances de lecture. Vous leur aviez ouvert la

porte de l'imagination et les aviez fait accéder à la dimension de l'imaginaire dont ils étaient exclus. Les turbulences de leurs enfances les avaient mis en contact avec la violence, mais ils n'avaient aucun moyen de l'éprouver autrement que par les passages à l'acte. À travers vos récits, ils ont vécu des choses fortes qu'ils avaient besoin de retrouver, d'éprouver, pour pouvoir les supporter et tenter de les comprendre.

Non seulement l'éducateur réhabilitait mes médiocres débuts d'éducatrice, mais il faisait de cet échec pédagogique la trame d'une véritable technique éducative. Moi qui jusqu'alors n'avais jamais cherché à embellir mes débuts de carrière, mais qui étais restée prudente sur leur évocation, je compris ce qu'il me restait à faire. Ce que j'avais vécu là, il me fallait non seulement tenter de le comprendre mais aussi l'analyser suffisamment pour pouvoir en donner les clés afin que d'autres en usent.

Des univers parallèles

Échappées belles

Le visage concentré, les yeux clos, elle suçait son pouce, paisible. Juste le bout, la partie charnue en l'air. L'index replié lui effleurait les narines. Niché au creux de sa main, un coin de tissu bleu ciel, gris d'usage, à la texture souple et lisse, que j'avais découpé dans une de ses couvertures de bébé. L'ensemble, main, nez, doigts et doudou frémissant à peine.

Pour écrire ces lignes, j'ai mimé le geste que j'avais maintes fois observé chez ma fille. Les mains en conques près de ma bouche, un mouchoir faisant office de doudou, j'ai fermé les yeux. Me sont venus alors l'odeur un peu âcre du tissu, sa souplesse onctueuse, le goût doux-amer du jus de pouce dans la bouche. Et surtout l'impression fabuleuse de pouvoir me glisser au cœur du monde que je tenais dans mes mains. Dedans et dehors. Fermeture et ouverture. Consolation et évasion. Liberté et sécurité.

Les suceurs de pouce connaissent. Certains se caressent le palais, d'autres font glisser un doigt avec énergie le long de leurs lèvres, d'autres se frottent la gencive. Tous explorent une sensorialité buccale, tactile et odorante, tous s'envolent, tous voyagent. Il leur suffit de se concentrer et les barrières des mondes visibles s'estompent. Les sens sont éveillés, le goût, l'odorat, le toucher. Le cœur bat paisiblement. Le monde sourit.

J'ai très longtemps sucé mon pouce en tortillant une mèche de cheveux. L'aînée de mes petits-enfants s'endort avec un lapin calamiteux et les jumeaux ont choisi, pour l'un, une peluche qui a pu ressembler à un rat ou à un chien, et pour l'autre, un lange de couleur tendre. Ces porte-bonheur ne sont naturellement pas interchangeables. Si l'un des petits se met à pleurer, l'autre va rechercher le doudou approprié et le lui rapporte. Il peut même lui prêter le sien si la consolation tarde à venir, mais reste vigilant pour pouvoir le récupérer sans retard.

Qu'importe sa forme, le doudou a toujours la même fonction. C'est la première des petites machines à vivre que nous fabriquons dans notre plus jeune âge. La première machine à voyager dans les univers parallèles, dans la solitude quiète et l'espace détendu d'un présent qui dure. C'est la clé d'un monde enchanté, celle qui donne accès au premier des espaces-temps féconds sans lesquels nous ne pourrions supporter l'amertume et le chaos des jours.

Voyager dans l'espace et dans le temps

Nous ne vivons pas une seule réalité, nous n'habitons pas un seul monde. En nous et autour de nous coexistent des univers multiples qui ne nous sont pas tous connus, pas tous reconnus, pas tous partagés. Mes petites machines à vivre permettent de les visiter. Ce sont des engins pour voyager dans le temps, l'espace, les mots, les émotions, les sensations. Explorer les marges inconscientes de notre perception, les limbes de nos peurs et de nos souffrances, bien au-delà de ce que permettent de concevoir l'esprit vigile et l'acuité mentale. Ces galaxies étranges ne sont pas toutes oniriques et fabuleuses. Il en est de familières, ordinaires, si proches qu'elles se cachent dans les replis de notre pensée la plus prosaïque et quotidienne. On parle de jardin secret, de petites manies, de tournure d'esprit. C'est notre petite musique intime. Notre capacité à donner du sel et du sens à notre vie sans en faire toute une histoire. Apprécier un bon vin, renifler une rose, nourrir un hérisson, marcher le long d'une haie ou d'un trottoir, faire les poussières, et, faute de regarder la mer, écouter tomber la pluie.

Winnicott a posé le premier l'hypothèse d'une aire intermédiaire entre les mondes et entre les personnes. Il a exploré celle qui s'étend entre la mère et l'enfant, que le bébé habite de ses rêveries et de ses jeux. L'espace transitionnel[1] se déploie comme une aura autour de lui lorsqu'il se niche dans les bras qui le bercent et le nourrissent, se déplace avec lui, et se focalise ensuite sur un morceau de tissu, une mèche de cheveux ou une petite peluche soyeuse.

L'usage transitionnel

Si la notion d'*espace* transitionnel ou intermédiaire reste affaire de spécialistes, celle d'*objet* transitionnel fut rapidement adoptée par tous les parents sous la forme familière du doudou. Avec le léger mais essentiel glissement de sens qui fait qu'on peut se tromper et prendre l'objet pour la fonction. Car ce n'est pas l'objet qui est transitionnel, insiste Winnicott, c'est l'usage que l'enfant en fait. Ce qui explique que certains petits n'en aient pas besoin et que tous finis-

---

1. D.W. Winnicott, *De la pédiatrie à la psychanalyse* (1935-1963), Payot, 1989.

sent par l'abandonner sans beaucoup de précautions. Car arrive le moment où l'enfant n'en a plus l'usage. Dans ses rêveries, sa pensée, ses jeux, il est parvenu à intégrer ses angoisses, ses espoirs et ses craintes sans avoir besoin de les concentrer dans un objet. Il va rêver, jouer, inventer. Il va digérer ses peines et animer ses jouets, projeter dans son espace mental la totalité de ses capacités de faiseur de monde. Ainsi aura-t-il un usage transitionnel de quelques poupées ou poupons, de la plupart de ses jeux de société si on le laisse faire, de ses crayons de couleurs et des livres d'images. En jouant avec eux, il les transportera dans un autre monde et sera transporté avec eux.

Le jeu libre et créatif

Même sans bien connaître l'œuvre de Winnicott, sa pratique de pédiatre et de psychanalyste[1], tous les observateurs, parents ou professionnels de la petite enfance connaissent l'importance du jeu-livre chez les bébés et les jeunes enfants[2]. En inventant la fonction d'un objet, en brodant autour de son utilisation, non seulement les petits mettent au point les apprentissages de leur âge, mais ils réussissent également à

1. D.W. Winnicott, *La Consultation thérapeutique et l'enfant*, Gallimard, 1979.
2. D.W. Winnicott, *Jeu et réalité* (1971), Gallimard, 1975.

surmonter leurs difficultés quotidiennes. Séparations ponctuelles ou de plus longue durée, frustrations ordinaires de la vie en famille, grosses gênes ou petites douleurs, leurs journées sont parsemées d'épreuves qu'ils doivent le plus souvent affronter seuls, dans l'aura bienveillante d'adultes qui les aiment, les protègent et les stimulent, mais qui n'ont pas vocation à grandir à leur place.

Le jeu libre, inventif et créatif est le protecteur naturel de l'enfant contre les douleurs du monde, la matrice de ses apprentissages, la vraie source de son potentiel d'adaptation et d'innovation. Imagination, inventivité, curiosité, découverte, les opérations intellectuelles, cognitives et techniques qui s'y enracinent sont nombreuses, de la fiction à la science.

Pour l'adulte, l'usage transitionnel migre vers d'autres sphères : la culture, l'étude, le rêve, l'espoir, la lecture, l'art, la résistance, la lutte. Tout ce qui constitue notre capacité à améliorer le monde dans la pensée en nous donnant la force et les moyens d'en obtenir quelque chose peut faire l'affaire. Créer le monde, le recréer, ne pas laisser les forces noires nous démolir. Créer des petites machines à vivre et s'en servir souvent.

La jachère

Masud Khan[1], disciple de Winnicott, parle de *jachère* pour évoquer les phénomènes féconds et discrets qui sont le ferment de la pensée créative. Cette métaphore convient bien pour décrire le temps et l'espace personnels intimes où se déploient mes petites machines à vivre. N'étant pas très calée en agriculture, je retiens surtout de cette association entre l'esprit et la terre l'idée d'un état de travail latent. Autrement dit, il ne s'agit pas d'une friche, de rien qui soit laissé à l'abandon. La matière doit être prête, travaillée, labourée, même si elle n'est pas ensemencée. L'esprit doit être actif, habitué à réfléchir, bien connaître ses démons, ne pas trop se mentir ni se leurrer.

Savoir se préparer à l'action et accepter de ne rien faire d'actif, disions-nous plus haut. Cette position psychique intermédiaire s'enracine, se déploie et s'épanouit dans la jachère, un espace mental cognitif et imaginaire, conscient et inconscient, hors d'atteinte et pourtant accessible, très personnel et pourtant partageable.

Qu'il s'agisse de porter le fardeau de son existence, de prendre une décision, de supporter l'angoisse, ou

---

1. Masud Khan, *Le Soi caché*, Gallimard, 1976.

d'intégrer une mauvaise nouvelle, il n'est pas question de se crisper, de se cabrer, de lutter en refusant d'accepter la réalité. Ni de partir au combat sans réfléchir. Aucune position réfractaire ni volontariste n'est de mise. L'usage transitionnel de son temps personnel ne peut avoir de fonction utilitaire directe.

Il serait vain toutefois d'attendre que la lumière vienne seule ou que la consolation surgisse du néant. Autrement dit, il ne s'agit pas de se la couler douce ! Ni la chance ni aucune providence ne peut illuminer un esprit engourdi ou figé, quelle que soit l'origine psychique de sa torpeur. Inhibitions, dénis, blocages, refoulements, les interdits de penser ne se transforment pas naturellement en apaisement, décision ou trouvaille.

Car l'usage transitionnel de la pensée que permettent les balades et les rêveries a besoin de liberté pour se déployer. La liberté du jeu, celle du rêve, celle qui se gagne en osant être soi-même, celle des associations inconscientes. Une des libertés les plus difficiles qui soit à conquérir, à préserver, à user, la liberté de penser. De rêver. Même pour rien. La liberté de laisser vivre en soi un temps non contrôlé, de prendre le risque de laisser émerger des émotions non maîtrisées.

Le risque de penser

Une telle aventure s'avère parfois bien plus difficile qu'il n'y paraît. Car il est des barrières psychiques contre la liberté intime qui tiendraient contre le Pacifique[1]. Certaines déformations mentales, construites pendant les jeunes années, restent bétonnées bien longtemps après que l'ennemi a disparu de la scène. Son ombre, tel un fantôme, continue à terroriser celui qui ne peut s'en libérer.

Ainsi est-il parfois difficile de comprendre ce qu'on peut trouver dans la balade en forêt ou le long des vitrines, sauf à vouloir faire un jogging ou du shopping. Celui qui se méfie de ces temps vides propices aux réminiscences sait bien de quoi la succession ininterrompue de ses occupations quotidiennes le protège. Du risque de se souvenir. Du risque de penser.

C'est d'ailleurs le propre des protections infantiles. Bâties pour préserver des menaces affectives vitales, elles peuvent rester érigées comme des blockhaus géants, abandonnés sur les marges de nos vies. Elles paralysent alors la capacité à penser, jouir, travailler, aimer, créer. Ce sont des mécanismes de défense rigides et immuables. Rien ne semble pouvoir faire

1. Marguerite Duras, *Un barrage contre le Pacifique*, Gallimard, 1950.

bouger ces mastodontes, les déloger de l'espace mental, même si leur fonction est devenue plus invalidante que protectrice.

Le pouvoir du rêve

Retrouver – ou conquérir – la liberté d'être soi passe par un intense travail psychique – et thérapeutique, assurément –, mais aussi onirique et ludique. Seule la mise en chantier de notre pouvoir infantile d'imagination et d'invention permet de passer des armes lourdes aux armes légères, des machines de guerre aux machines à vivre. Il faut réapprendre à jouer avec le temps, les mots, le vide pour que l'esprit retrouve le pouvoir inventif et créatif, libérateur et voyageur, qu'il avait étant enfant et qu'il a perdu dans la guerre affective et invasive de la vie. Le pouvoir de l'invention, de la création, celui des associations libres et des cache-cache de l'inconscient. Le pouvoir du rêve.

Les petits jeux mentaux que j'explore ici, associations libres, fluidité, lâcher prise, imagination, rêveries, ont le pouvoir de faire vivre ce qu'il y a de plus profond en nous. L'espace qui leur permet de se développer ne peut être encombré de soucis matériels ou existentiels. Il lui faut avoir le champ libre. C'est pourquoi les humeurs vagabondes que j'ai décrites ici, tristesse, solitude, jeu et ennui, sont les plus propices à son déploiement. Ainsi, en s'efforçant de laisser tomber les masques, d'abandonner les tyrannies de l'apparence, de lâcher le contrôle ainsi que la nécessité d'avoir raison, nous pouvons libérer la puissance mentale la plus intense qui soit, celle du travail psychique inconscient ou préconscient.

Les jeux de l'âme

Chagrin et apaisement, solitude et partage, ennui et créativité, passé et présent, mémoire et espoir, ces alternances d'ombre et de lumière sont des jeux de l'âme assez proches du *travail du deuil* qui permet de survivre à l'absence, au manque, à la mort[1]. Elles reposent sur la dynamique du refoulement[2] et de sa levée, sur les processus permettant l'acceptation de la réalité, en passant par le décryptage des désirs enfouis dans les rêves et dans les recoins les plus oubliés. Autant de mécaniques psychiques ordinaires qui ne cessent jamais de fonctionner, jour et nuit, dans l'alchimie féconde et souterraine de notre inconscient.

La psychanalyse et les thérapies analytiques nous révèlent à nous-mêmes en levant le voile sur quelques-

---

1. Sigmund Freud, « Deuil et mélancolie », in *Métapsychologie* (1915), Gallimard, 1968.
2. Sigmund Freud, « Le refoulement », *ibid.*

uns des rouages secrets de notre vie souterraine. Ainsi, pour qui est attentif aux signes de ses propres actes manqués – lapsus et rêves par exemple – et qui a suffisamment bien travaillé le terreau de son passé et de ses contradictions intimes, une promenade solitaire ou un époussetage inutile peut libérer assez d'espace créatif pour que surgisse, au détour d'un souvenir, la pensée ou le sentiment qui bloquait le passage aux émotions comme aux idées.

Ainsi peut émerger ce qu'on croyait avoir oublié, ce que notre esprit refusait de voir, le visage caché dans les feuillages ou dans la forme des nuages. Le monde retrouve soudain du sens. Il se complexifie et s'éclaircit. Il se densifie, prend de l'épaisseur en même temps qu'il s'allège et s'illumine. Et comme dans le jeu des dominos, en cascade, peuvent se libérer les associations mentales qui redonnent fluidité et vie à la capacité de penser, d'affronter les obstacles, de les dépasser. De retrouver ainsi le goût de vivre, de travailler et d'aimer.

Des choses simples

Des niches de liberté

L'essentiel de mes petites machines à vivre se nourrit du travail psychique fluide et dense du deuil, du refoulement, et se déploie dans l'espace mental du rêve et du jeu. Les petits rouages intimes qui sont en chacun de nous, sans cesse en mouvement, brodent et rebrodent la trame vivante de nos joies et de nos peines. Ils peuvent alimenter nos griefs, faire suinter nos plaies et entretenir nos rancœurs. Ils peuvent aussi rendre la vie plus légère et plus profonde.

Pour bénéficier de la richesse et de la fécondité des promenades psychiques et des créations spontanées qui aident à vivre et qui donnent du goût et du sel à l'existence, il suffit parfois de peu de choses. De ces choses ordinaires dont nous disposons tous et que nous ignorons le plus souvent. Du temps, du vide, de l'espace. Autant de merveilles cachées dans nos horaires surchargés et nos quotidiens stressés. Ce sont des pépites de bonheur dissimulées dans les replis de nos journées et qu'il nous faut apprendre à retrouver.

Comme la tristesse peut se vivre sans peine et sans chagrin, il est des solitudes que n'envahit pas l'ennui et des ennuis plus féconds que bien des réflexions. Ce sont des niches de liberté intime et lumineuse que la quête sociale et les corrosions narcissiques nous empêchent d'apprécier. Ainsi ne parvenons-nous pas à percevoir le pouvoir du silence, la richesse du vide, les bienfaits de la rêverie. Car, même si cela peut sembler improbable, ces temps qu'on aurait tort de croire morts sont ceux qui nous donnent les moyens de créer le monde, de l'enrichir, de le partager. À condition toutefois de savoir les habiter. De savoir retrouver le jeu comme nous savons retrouver le rêve.

Jouer avec des riens

Autrement dit, pour découvrir les joyaux cachés dans le silence, la tristesse, la solitude et l'ennui faut-il retrouver la capacité infantile à jouer avec des riens.

Regardons un enfant occupé à ses jeux et ses jouets sans se soucier d'attirer l'attention des adultes[1]. En relation paisible avec lui-même, il bricole, assemble, chantonne, pose et dispose. Il répète son geste, hésite, recommence. Il se raconte des histoires, découvre l'inconnu, explore ses potentiels personnels. Il enrichit son monde intime et approfondit sa capacité à pouvoir y puiser si besoin.

Cet enfant-là joue tout seul. Il joue seul dans un monde habité. Un monde à lui, invisible aux adultes, riche de toutes les histoires qu'on a pu lui raconter, des tendresses et des bonheurs qu'on lui a donnés. Ces jeux intimes lui ouvrent la possibilité de profiter de la panoplie d'activités et d'exercices qui sont le lot de sa vie familiale, scolaire et sociale. Un enfant qui joue bien, qui joue seul, apprend mieux, autant à jouer avec les autres qu'à franchir les étapes des apprentissages qui lui sont nécessaires. Le jeu libre, autrement dit l'usage transitionnel des jeux et des jouets, construit la pensée et la personne tout autant que l'imagination.

Nous ne parlons pas de stimulations, d'enfants comblés de présents, excités par des jouets, des musiques ou des lumières, mais des temps calmes

---

1. D.W. Winnicott, *De la pédiatrie à la psychanalyse*, *op. cit.*

où l'enfant semble concentré et attentif, indifférent au monde qui l'entoure. En jouant, il voyage, il invente. Il parcourt un monde intime, personnel, sans faire appel à l'entourage dont il sait la protection. Il est présent à lui-même. Il vit un temps et un rythme selon le tempo intime de ses besoins personnels. Il est dans la vacance, dans le loisir. Dans un espace personnel non envahi par la compétition, le remplissage.

Pour cela, il n'a besoin de rien de bien sophistiqué. Une balle, des cailloux, du papier, des crayons, n'importe quoi peut faire l'affaire… Mais il lui faut avoir du temps libre, un peu de solitude, un zeste d'ennui. Des riens. Les indispensables riens qui ouvrent au rêve et à la création.

Passer par l'ennui

Mais ces riens sont justement ce qui manque le plus à beaucoup d'enfants. Si l'un d'eux tourne en rond et vient chercher auprès de ses parents le partage d'une activité, « il s'ennuie », pensent ces derniers. Ou pire : « Il *risque* de s'ennuyer. » Une formule qui à elle seule parle de leur peur du vide et de leur désir de bien le remplir. D'éviter que leur enfant connaisse et affronte le manque. Ils cherchent autant à peupler son espace et son temps qu'à le combler de tendresse ou le rassasier de bonnes choses. Ainsi voit-on aujourd'hui les enfants entourés d'une multitude de jeux et de jouets, complexes, toujours hauts en couleur, suffisamment élaborés pour qu'il soit difficile de leur inventer un usage détourné.

C'est pourtant en détournant un objet ou un jouet de sa destination première que l'enfant va inventer et construire ses chefs-d'œuvre. Confronté à la vacance – à la condition de ne pas se sentir trop abandonné –, tout enfant trouve à s'occuper. En traversant quelques temps morts et quelques petites séquences d'ennui, il va explorer les marges de son quotidien, en repousser les limites, et s'aventurer hors de l'espace-temps policé et socialisé initialement conçu pour lui. L'ennui est son passeport, la carte indispensable qui lui donnera envie d'aller voir ailleurs, au-delà, à côté. Autrement.

Il est des gens qui s'ennuient vite. D'autres qui détestent ou craignent l'ennui et s'en approchent le moins possible. Je fais partie de ceux qui aiment s'ennuyer. Car j'ai découvert qu'à petite dose, l'ennui est l'étape essentielle pour voyager loin et souvent, à condition d'accepter de voyager en compagnie de soi-même.

Pour les enfants comme pour les adultes, les plus belles cathédrales imaginaires, les explorations les plus fécondes sont celles qui naissent d'une échancrure dans la toile qui nous emprisonne et par laquelle l'esprit réussit à se faufiler. En prenant le temps de les rechercher et de les découvrir, chacun peut s'y faufiler pour construire et bâtir, penser et créer, réparer, pardonner, trouver son chemin personnel dans la cohue des modes et des codes, et vivre sa vie quels qu'en soient les obstacles.

Les belles histoires

En jouant librement, les enfants se racontent des histoires. Ils inventent la vie d'une poupée, d'un camion ou d'un morceau de carton. Ils fabriquent pour eux-mêmes les scénarios complexes qui les enchantent et les concernent. Ils répètent les drames et rejouent les blessures ordinaires de leur quotidien, créent l'univers confortable ou risqué qui leur permet d'être les héros de leur propre enfance. Certains joueront à l'enterrement ou se coucheront dans le panier du chien, d'autres se métamorphoseront en sorcières ou en pirates. Ils vivront mille histoires, ils auront mille vies.

Ce monde personnel, parallèle, transitionnel, se crée et se renforce au gré des contes, des récits, des chansons, de l'aura musicale et féerique de leur première enfance. Il s'enrichit ensuite des lectures et des rencontres, de tout ce qui permet de vivre plusieurs vies, d'occuper plusieurs mondes.

Celui qui écoute de belles histoires, comme celui qui les lit, apprivoise les diables et les monstres autant qu'il savoure le lait et le miel. Même les enfants malmenés – surtout eux – ont besoin de voyager dans l'espace galactique du jeu et du rêve. L'expérience m'a appris que les gosses les plus rustiques et les moins habitués à jouer librement pouvaient retrouver – ou trouver –, dans la voix qui les emmène aux pays imaginaires, l'autorisation de voyager, le droit de rêver, la capacité de jouer, autrement dit ressentir, se projeter, éprouver. S'épanouir. Grandir.

La porte des étoiles

Car tous les enfants ne sont pas protégés par des parents aimants et disponibles qui garantissent leur espace vital en les laissant jouer paisiblement et qui les accompagnent aux portes du sommeil par des récits lumineux et tendres. Il en est qui n'ont pas la chance d'être bien aimés et qui se trouvent seuls pour affronter les tourments de leur enfance. Ceux-là peuvent néanmoins créer leur espace de jeu et d'imagination et y développer leurs petites machines à vivre. Depuis les écrits de Boris Cyrulnik[1], on appelle *résilience*

---

1. Boris Cyrulnik, *Un merveilleux malheur*, Odile Jacob, 2002.

cette capacité à surmonter les pires épreuves en développant son propre art de vivre.

Il s'agit de tout ce qui permet de vivre *avec* sa vie, *dans* sa vie, plutôt que de lutter *contre* elle. Un léger déplacement qui donne du goût à l'existence et qui aide à supporter les chocs sans s'effondrer. C'est le défi que tous les mal-aimés lancent à la fatalité. Même sans avoir été aimé, on peut aimer, même sans avoir été heureux, on peut rendre les autres heureux[1].

Des petits bonheurs à partager

Il n'est toutefois pas nécessaire d'avoir été malheureux pour vivre heureux. Chacun doit métamorphoser ce que la vie lui a apporté, aucun héritage ne peut être passif[2]. Pour s'inscrire dans ses lignées sans en être captif et devenir soi-même tout en sachant ses racines, il importe d'assumer legs et dettes, tares et défauts, sans oublier le poids de l'histoire passée. Toutes les enfances sont imparfaites. Même les plus choyées. Il est des miels qui tournent au fiel et des enfances heureuses dont on ne se remet pas. Autre-

---

1. Karine Le Marchand, *Devenir heureux, ces épreuves qui font notre force*, Calmann-Lévy, 2009.
2. Sigmund Freud cite Goethe, « Ce que tu as hérité de tes pères, acquiers-le pour le posséder », in *Totem et tabou* (1913), Petite Bibliothèque Payot, 2004.

ment dit, adoré ou délaissé, comblé ou frustré, chacun doit inventer son art de vivre s'il veut affronter ce que l'existence lui réserve, ou tout simplement en profiter.

Nombreux sont ceux qui possèdent cette force invisible. Quelle que soit leur histoire personnelle ou familiale, leur passé ou leur présent, ils ont appris à pactiser avec leurs ennemis intimes, savent accueillir la tristesse, la solitude et l'ennui et profiter pleinement des plages vides qui leur permettent de se ressourcer. Ils inventent des histoires, marchent dans les bois ou le long des rues, lisent ou dessinent, peignent, chantent ou dansent. Certains confectionnent tartes, gâteaux et confitures, tricotent ou brodent. Tous apportent leur touche personnelle pour pallier les imperfections du monde. De leurs angoisses intimes et des universelles questions sur le sens de la vie, leurs petites machines à vivre tirent des bonheurs à partager.

Ainsi, en racontant des histoires à des gamins paumés, une jeune éducatrice aussi perdue qu'eux les a invités dans son monde et a ouvert les portes du leur. Ignorant que le verbe a autant de puissance que le glaive, elle n'essayait pas de réformer les méthodes éducatives de son époque, se contentant de puiser dans ses souffrances d'enfant les mondes chamarrés qu'elle savait enchanteurs pour en avoir été jadis enchantée.

Conclusion

Maîtrise, contrôle, vigilance ont longtemps fait partie de mes outils personnels pour parer l'insoutenable angoisse qui colore ma vie. Les racines de cette angoisse sont tellement ancrées tout au fond de moi que je ne puis me penser sans son omniprésente compagnie. Je respire avec l'angoisse comme avec la joie de vivre. Les deux éléments, le lumineux et l'obscur, étant indissociables de mon existence comme ils le sont si souvent.

Marcher dans un bois, sur un trottoir, dans un cimetière, passer le chiffon sur des meubles cirés, bayer aux corneilles devant le feu ou la mer, inventer des histoires, se les raconter, improviser des récits pour les enfants, ces occupations apparemment futiles sont justement celles qui peuvent aider à vivre. Même une adepte de la maîtrise, dressée depuis son jeune âge à la plus absolue vigilance, peut parvenir à laisser venir le flux et le reflux des pensées obsédantes, des émotions quotidiennes et des bouleversements exceptionnels et se donner ainsi des temps de vraie liberté.

On dirait une opération magique, or il n'en est rien. Ce que j'expérimente dans le bon usage de la promenade en terrain connu ou balisé, je l'ai rodé depuis des années, depuis que j'ai appris à apprivoiser mon rapport à l'angoisse en créant mes petites machines à vivre, à jouer avec l'incertitude plutôt que de vouloir tout maîtriser, à accepter la tristesse, à savourer les temps de solitude et à ne pas craindre l'ennui.

Dans ce carnet de route, j'ai voulu partager mes trouvailles. Exposer les rouages complexes et les gestes simples qui permettent de survivre aux drames passés et d'affronter les épreuves présentes. Qui aident à aimer sa vie. Comme le deuil, le rêve, le don, le pardon, ces petites machines à vivre naissent de nos capacités de créativité et de lucidité. Elles se déploient dans l'espace psychique d'un esprit qui se laisse vaguer, dans l'âme fertile de qui sait son histoire, connaît ses failles et ses forces, accepte le doute, refuse la conformité et consent à l'inévitable.

Au fil d'un récit qui emprunte à mes souvenirs personnels, privés et professionnels, j'invite à musarder sur des plages de vague à l'âme, de solitude, de rêveries. Hors sentiers battus, hors saison se dessinent les itinéraires d'une vie, des trajets qui vont de l'angoisse à l'apaisement en passant par la tristesse et l'ennui, ainsi que les clés pour s'y aventurer sans risque et parvenir à savourer et à partager le simple bonheur d'être.

Table

II. Douleurs d'être

III. Douceur d'être

IV. Les rouages secrets

Du même auteur

La Réparation, Gallimard, 1999.

Pardonner à ses parents, La Martinière, 2001.

Il m'a tuée, La Martinière, 2002.

Les Violences du quotidien, avec Christine Laouenan, La Martinière Jeunesse, 2002.

Vivre avec elle, mère et fille racontent, avec Judith Leroy, La Martinière, 2002.

Quand les violences vous touchent, avec Christine Laouenan, La Martinière Jeunesse, 2004-2010.

Range ta chambre, petit traité d'éducation, avec Judith Leroy, Flammarion, 2006.

Cuisine et dépendance affective, avec Judith Leroy, Flammarion, 2006.

Comment aiment les femmes, du désir et des hommes, Le Seuil, 2006.

Récits de divan, propos de fauteuil, comment la psychanalyse peut changer la vie, avec Sophie Carquain, Albin Michel, 2007.

Une année singulière, avec mon cancer du sein, Albin Michel, 2008.

Entre sœurs, une question de féminité, avec Sophie Carquain, Albin Michel, 2008.

Les Hommes, l'Amour, la Fidélité, Albin Michel, 2009.

Au bonheur des grands-mères, Érès, 2010.

Ma famille, mes copains, mon école et moi, avec Judith Leroy, Pocket Jeunesse, 2010.

La Répétition amoureuse, sortir de l'échec, avec Sophie Carquain, Albin Michel, 2010.

Être mère : mission impossible ? Albin Michel, 2011.

Sexy soit-elle, Les Liens qui libèrent, 2012.

Pour l'éditeur, le principe est d'utiliser des papiers composés de fibres naturelles renouvelables, recyclables et fabriquées à partir de bois issus de forêts qui adoptent un système d'aménagement durable. En outre, l'éditeur attend de ses fournisseurs de papier qu'ils s'inscrivent dans une démarche de certification environnementale reconnue.

Imprimé en Allemagne par GGP Media GmbH, Poessneck,
en juillet 2012

ISBN : 978-2-501-07465-0
4102109 / 01

dépôt légal : septembre 2012